在黑暗中動身

基進的政治戰略與行動

陳奕齊——著

Tī O͘-Àm Tiong Khí-Kiâⁿ

Ki-chìn ê chèng-tī chiàn-lio̍k kap hêng-tōng

獻給每一位基進的伙伴、志工、贊助者、支持者，
以及曾緊握過的每一雙手。

Content

推薦序

政治作為志業而非事業

王興煥（台灣基進黨黨主席）

陳奕齊的新書《在黑暗中動身——基進的政治戰略與行動》詳述了台灣基進這支隊伍磨劍十年的戰略規劃，以及組黨十年的政治實踐。

「要看見日出，就只能在黑暗中動身。」

為了追尋那一抹劃破黑暗的晨曦，在二十一世紀初，一群旅歐的台灣青年，懷著對家鄉的繫念與知識的熱情，組建《超克藍綠》共筆部落格。那是馬英九把台灣鎖進中國，千瘡百孔的時代；也是壓迫越大反抗越大，充滿使命感的時代。

回想二〇一〇年時，乘著《龍馬傳》的激盪，奕齊在比利時提出《超克船中八策》，大家的志士情懷，歷歷在目。台灣要在中國的夾縫中屹立，迫使中華民國大政奉還，並朝著現代化轉型，需要一股能劈開保守氛圍的力量，與民進黨既合作又競爭。

於是，奕齊返回台灣，擔起了一項艱辛的政治工程：組建台灣基進。

奕齊要組建的政黨，不是為了短期選舉的民粹工具，而是可以開創台灣新共和的政治集結：對內以「政治作為志業而非事業」自我錘鍊；對外則召喚台灣共同體「徹底斬斷中國法統與亞洲威權價值」的時代責任。

台灣必須由效忠台灣共同體的本土政黨執政，所以我們構思「基進側翼」戰略，透過台灣基進清晰定錨於台獨左派：「在國家認同主張台灣獨立，在社會民生主張公平正義」，民進黨得以相對包容中華民國與保守價值的光譜取得政權。

接著，台灣必須從民主轉型走到民主鞏固，並徹底解決民主機制淪為中國謀台的破口，所以我們繼承並超克李登輝前總統「民主必然本土」的概念，堅持打造一個可與民進黨形成本土雙引擎結構——本土執政治理與本土在野監督——的隊伍，捍衛本土政體。

台灣共同體要從脆弱的民主走向穩固的新共和，本土政體不只需要側翼戰略，更需要雙引擎推動：需要英文名稱為 Taiwan State-building Party 的台灣基進，捍衛台灣主權、強化民主韌性、奪回公平正義，作為推進台灣國家打造的第二個本土政黨。

時間會證明，台灣基進二十年來的政治戰略與行動，是為了迎來好國好民的曙光，而在黑暗中及早動身。奕齊的這本書，說明了台灣基進的思考與行動。我們仍然懷抱著啟蒙的理想，堅持政治必須是理性的共鳴。

歡迎加入台灣基進的行列，這是一個需要坂本龍馬、陸奥宗光的年代，讓我們一起在中國的壓迫中譜寫台灣的國族史詩！

序

讓希望成為可能，而非讓絕望成為可信

原本以為，「民主」已經作為台灣的航行指南，會領著台灣朝向一個沒有「中國國民黨」的未來，並抵達一個台灣正常化國家完成的彼岸。接下來，在彼岸天地中，台灣的社會長相，就由其間的人民自行去模塑。然而，一切的一切，都太過天真；「民主」尚未帶領台灣往那個設想的方向前去之前，甚至連「民主」本身都已岌岌可危。於是乎，台灣基進的故事，就像是從過往天真的誤認中醒悟，捲起袖子，不再已顧他力，直接跳進去打怪，開始書寫。

記憶中，小時候常跟父親去黨外或者民進黨初期的野台演講場。印象中，曾親眼見證朱高正風靡全場的激昂演講，高雄民眾上台給外號「民主戰艦」的朱高正掛金牌，又目睹到朱高正受到唾棄，民眾上台索回金牌的那一幕。那是一九八〇年代，台灣民主從街頭開始風起雲湧的年代。或許是受到偷偷閱讀父親黨外雜誌的影響，也或許是長期閱讀家中偏本土的報紙新聞取向所感染，個人從小就非常厭惡中國國民黨。高中時期，各種街頭抗議此起彼落；於是，擺脫填鴨教育與聯考的桎梏後，便主動參與大學的學運社團。

但是，彼時恰好是後野百合運動時期，大學學運社團逐漸沉寂蕭涼；再加上民進黨不再有「街頭路線 vs．議會路線」之爭，只剩「選舉萬歲總路線」，就這樣在學長帶領之下，以學生身份或志工或工讀，親身見識跟參與選舉最前線。阿扁與趙少康的台北兩強之爭，「四百年來第一戰，要把台灣變青天」、九六台海危機下的史上第一次總統直選，那是一段民主奔放與思想多元的「眾聲喧嘩」時光。在這樣的背景之下，真的會樂觀以為，台灣民主這輛巴士，會慢慢地往那個想望的地方駛去。

在廿世紀結束前夕，筆者前進香港從事勞工相關「非政府組織」的研究工作，進行南中國的民工田野調查，再到荷蘭萊頓大學攻讀博士，意外地重新補了一段「當代中國」的課程。就這樣，在荷蘭望著時差六小時天空下的台灣，距離拉開後所帶來的宏觀全局視野，才發現紅色惡魔早已吹著笛音向台灣逼近；此時，一種哈姆雷特式的「to be or not to be」的困擾浮現：要不要把人生原本設定的軌道中斷，而毫無懸念的「撩落去」呢?就這樣，轉向「政治最前線」，就意外地進入個人的生命之中。

為了不讓庸俗的「政治」日常將熱情給消磨殆盡；於是，個人就把「基進」的組建，當成是遊戲中的「打怪破關」。遊戲開始前，必須先掌握遊戲的設定與規則，知道手頭上幾乎沒有啥法寶工具跟資源，只有一份有待宣傳的「理念」。至於，前方所面對將是輪番上場的外部中國、內部的具象中國國民黨與抽象的「華儒奴」文化殘餘……等等大魔王。除了魔王級的挑戰之外，還會有政治好髒髒的慣習、自以為理性、中立、客觀的「中間選民」、糟糕的選舉遊戲制度、充滿算計的各方政客……等等各種有形與無形的障礙。於是，在這在一系列的不利因素作為前提條件的設定限制下，究竟如何能不在第一時間便陣亡，且一關關的破關前行，每每成了這些年午夜夢迴之間，不斷向內心敲擊的各種叩問！

就如同動漫《海賊王》一樣，蒙其．D．魯夫為尋訪「One Piece」（大祕寶）的彼岸允諾而開始啟航，一邊前行一邊招募伙伴，繼續招募繼續打怪，不斷升級不斷打怪，直至往那最終島嶼逼近，儘管這一路隨時可能被「團滅」。基進書寫的故事，就像這一路打怪破關的故事。不論認同與否，有著夢想，並朝著夢想築就挺進的人，不該被嘲笑；況且，這不只是基進人的夢想，更是屬於每一位認同「台灣是台灣人民的國家」，對此有著相同心跳律動者的夢想。按此理解，本書就像是一本想要幫台灣完成打怪破關遊戲的企劃書，並邀請每一位想要探訪屬於台灣彼岸的「One Piece」的朋友，一起上船成為伙伴，鬥陣前行！

最後，我想呼應本書的書名《在黑暗中動身》，這書名說明了基進的歷程，有如暗夜先行者一般，一路踽踽獨行。因為**「要看見日出，就須比光早一步抵達；那唯一的選擇，便只能在黑暗中就動身出發！」**

2020 年 1 月，台灣基進選在高雄凹仔底農十六特區舉辦「堅定無畏，前進國會」造勢晚會，希望基進的政黨票能衝破 5%門檻。

寫在頭前

這是一本遲到多年的書。是一本關於筆者所參與組建的台灣基進的故事，也是關於台灣民主困境的結構根源的探討，以及叩問出路何在的書。因此，這不僅是寫給基進支持者的書，更是寫給每一位關心台灣民主未來的台灣公民。

原初，本書的寫作方式，是融合「**如何思想**」與「**如何實踐**」各半的內容；由於字數篇幅過於龐大，故把「如何思想」跟「如何實踐」進行分拆成為兩部書，各自獨立。

「如何思想」就如同是「批判的武器」；「如何實踐」則類似於「武器的批判」。直言之，本書就是帶著具體的問題意識：本土全面執政已近八年，台灣民主化也歷經至少三十年，為何每一位摯愛著台灣這塊土地的人，必定會在這些年大小選舉中，陷入一種情緒與精神都相當緊繃的狀態，一種宛如「定期改選，定期亡國感」的焦慮處境中呢？

以此「問題意識」作為指南，筆者開始重溯台灣的民主轉型進程，進行重新理解與重新詮釋，並期待找到一種可從亡國焦慮定期發作的困境中掙脫之可能。

儘管，社群媒體帶來的文化現象，是大家寧願耗時耗力在網路上帶節奏、帶風向，用一時的風向與節奏，左右人民「以感覺代替思考」，「以情緒代替行動」，但此種非關深沉思考的短線認知操作，或許能贏得一時，卻也促使人民認知更加的淺薄、斷裂與零碎。這種狀態下的台灣人民，遠非擁有批判思考與獨立分析能力的「台灣公民」；長期而言，此種隨風搖擺、跟著節奏起舞的智力環境，根本是中共對台「認知作戰」最喜歡的沃土。

事實上，誠如馬克思所言：「『批判的武器』，當然不能代替『武器的批判』，物質力量只能用物質力量來摧毀。但是，理論一經群眾掌握，也會變成物質力量。」於是，設想著如果重新理解台灣民主轉型難題的思考框架，若能廣為大眾所感與所知，那麼這套重新理解台灣民主困境的思維框架，或許也可成為一種改變台灣的力量。這也就促成個人將「如何思想」的部份單獨抽出，並重新系統化寫就成書。就此而言，**本書更是寫給每一位把台灣視為是「此生無所去，最終且唯一家園」的台灣人所閱讀**。

古希臘的天才科學家阿基米德有句話：「給我一個支點，我就能移動地球。」放在阿基米德的故事中，尋找那個可以撐起地球的「阿基米德點」，是以重新思考為表現的「批判武器」；然後，打磨出一根夠長且足以撐起地球的棍子，即是實踐跟行動所展示的「武器的批判」。因此，如同以思想跟社會科學知識，尋訪到能個能撐起台灣政治改造的阿基米德點的座落處；然後，吹起集結號角，琢磨打造出那根足以撐起政治改造的棍子，就如同是「批判的武器」到「武器的批判」一般。

因此，「如何思考」台灣的民主轉型困境，最終形成了一種屬於「基進式」的思維框架；以「基進式」框架認識為基礎的「如何實踐」，最終則結晶化為「台灣基進」此一行動方案。過去這十年基進實踐的具體故事，就是「批判的武器」，這部分將放在未來出版的另外一本書。

本書分成五章，第一章是「問題意識」的破題與勾勒。接續著「問題意識」的疑情鋪墊，拉出台灣民主轉型理解框架的民進黨版本與基進黨版本之異同，以作為第二章節。儘管思想上可以透由重新認識，展開新的思維可能；但在行動上，依舊會受困於各種選舉政治現實的綁架，並產生行動上的遲疑；為此，第三與第四章即是針對導致行動遲疑與束縛的綁繩，進行拆解卸除的工作。最後的第五章，則以「Q&A」的形式，將內心最後的阻礙與心魔，徹底地祭改與超拔。

「錯誤的前提，不可能導致正確的結論」。重新回到各種我們對台灣民主轉型理解的「理所當然」之前提，重新以「理所不當然」的態度，進行全盤反思與批判性繼承。然後，問題的解答，即有可能在反思與批判的過程之中，慢慢地浮現。

總之，這是一本理性的社科分析加上感性的意志信念，彼此夾纏、結合與組構而成的「行動指南」——是一種對我們的政治現狀處境已經受夠了，並想要大聲吶喊叩問：為什麼台灣的政治不能變得更好的「行動指南」！

CHAPTER

1

常民內心的「大哉問」：為什麼這些年的選舉，總讓我們如此「焦慮」呢？

一切就從常民內心的「大哉問」開始。按平凡小民的認識與理解，台灣明明就已經民主化三十多年了，況且「本土全面執政」也將近八年，為何這些年的每一次選舉，我們都得陷入情緒高度緊繃，與內心極端焦慮的狀態下，擔憂該次選舉結果，會否再度把我們往中國的方向推去呢？

其實，廣大的台灣小民們，大多早已疲於柴米油鹽醬醋茶的日常之中，若還要撥出心神與思緒，整天緊盯著台灣政治動態與選情變化，其實是相當心疲神累的事。那麼，民主化都已歷經三十多年，本土全面執政也都快八年結束，為何至今台灣民主仍無法提供一種「縱使無暇關心政治與選舉，台灣也不會因選舉結果而不見」的「小確幸」給平凡的小民呢？

換句話說，如果台灣的民主政治是以「定期改選」為表現，那麼當下的台灣社會，似乎早已深陷一種所謂「**定期改選，定期亡國感**」的困境之中了。正是此種困境，方才導致這些年的選舉，幾乎都得經歷情緒高張、心神極度焦慮的狀態，唯恐中國國民黨抑或親中代理政黨勝出，進而讓台灣再度陷入「往中國挺進」（Race to China）的悲劇循環中，並導致台灣不復存在的擔憂焦慮呢。

民主進步黨的執政，若代表著「本土執政」，那麼西元二〇〇〇年之後，面對阿扁執政時期的各種阻滯，我等將其歸因於「本土未能全面執政」，導致政府機器無法有效運轉；終於，二〇一六年之後，台灣迎來了小英八年的「本土全面執政」。然而，在八年全面執政即將暫告段落之後，為何我們仍得憂心匆匆地面對接下來的總統與國會選舉呢？

是的，我們的確可以輕易地把上述問題歸咎於「萬惡中共總加速師：習帝」的國際擴張主義與霸權心態；但令人納悶的是，如果民主工具是台灣抵禦中共最重要的武器之一，那為何作為民主生活表現的「定期改選」，卻會反過來成為我們定期焦慮與定期夢魇的主要來源呢？這一切，究竟，何以致此？

台灣基進，就是在直面上述的疑情與不解，並不斷叩問其解答與出路何在，進而催生與組建的產物！且從二〇二三年四月底，一場由本土獨派社團在台北舉辦的《第十二屆海內外國是會議》之雙主題——「強化民主韌性，捍衛本土政權」開始談起。該場「國是會議」的主軸看似包含「民主韌性」與「本土政權」的雙主題，但究其實，此二者乃一體之兩面。底下，筆者先重新拆解與理解此二項主軸以為破題。

「民主韌性」如何強化？

邇近，相當流行的所謂「**民主韌性**」（Democratic Resilience）的詞彙概念，簡言之，其乃指涉「**避免各項民主建制與實踐的實質衰退的能力**」（the ability to prevent substantial regression in the quality of democratic institutions and practices）。縱連二〇二二年六月下

句，七大工業國（G7）聯合發布的聲明：「讓民主具備韌性二〇二二」（2022 Resilient Democracies Statement），也是圍繞著「民主韌性」為主要核心訴求。

其實不難想見，近年來「民主韌性」此一詞彙，之所以被歐美學界與政界廣泛提及，主要乃因過去幾年的「民主」，早已在世界範圍內產生嚴重的衰退。根據人權組織「自由之家」（Freedom House）於二〇二二年二月下旬公布的報告表示：全球民主連續十六年衰退，威權愈來愈可能取代民主，並成為國際上主流的國家治理標準與模式。不意外的，當中帶頭擴張威權治理模式者，正是那個宣稱「大國崛起」與「東升西降」的「中國」。此外，所謂「自由國家」範疇下所涵蓋的人口比例，已從全球的四十六%腰斬至二十・三%；若把攸關自由度評鑑的七大項目納進考察，將會發現除了亞洲地區在「選舉制度」和「政治參與」上有所提升與改善之外，各地區的不同民主指標，幾乎可說是全面性的倒退。

川普的對中制裁

時序轉到美國前總統川普上任後。二〇一七年四月一日愚人節當天，美國針對中國出口的鋼鋁產品，啟動貿易調查，並同時發布「特別三〇一報告」把中國列為優先觀察對象。翌年，美國調查報告指出中國進口鋼鋁有損美國國家安全；隨即，美國「不公平貿易制裁」的大棒，便開始向中國揮去。儘管，當年川普政府是以「不公平貿易」為名展開對中國的關稅制裁，但背後其實隱含著中國長期「濫用」（abuse）國際規則與全球化自由貿易制度，並藉此進行大躍進式的崛起，不僅成為世界「第二大經濟體」，還以其經濟實力的「底氣」，進行國際影響力的全方位佈建。

此外，儘管當時候沒能明說，但其實美國不公平貿易措施的背後，某種程度也是表明：「原本期待中國的經濟成長，一方面讓中國民眾生活獲得改善，另一方面也可催生中國廣大的中產階級群體，進而促使中國政治往更為自由化的方向改革」。而這一套傳統民主化的理論預期，當面對共產中國時，幾乎完全失靈與失效。直言之，過去美國四十年的「擁抱熊貓派」（panda hugger）的信念與實踐，幾乎淪為是美國單相思的一場春夢。

緊接著，二〇一八年一〇月初，時任美國副總統彭斯（Mike Pence）於華府智庫「哈德遜研究所」（Hudson Institute）進行公開演說，以坦誠直率的態度破題：「就是在此刻，北京正在使用一種全政府的手段，利用政治、經濟、軍事工具以及宣傳，在美國內部推進其影響力與利益。中國也比以往更活躍地使用其力量，來影響並干預美國的國內政策和政治。在川普總統的領導下，美國使用我們的原則和政策，開始對於中國的行動展開決定性的回擊。」

彭斯進一步概括出中國對國際文明秩序至少有四種破壞面向：「經貿威脅」、「軍事威脅」、「人權迫害」、「債務外交」。演說中，彭斯提及各種中國間諜對美國的滲透與竊密，甚至主張美國應該制定各種提防中國的措施。就這樣，彭斯這場宛如「抗中檄文」的演講之後，「美中新冷戰」、「美中脫鉤」（decoupling）……等等的描述與說法，便日益增多。

二戰後的台灣，從一九六〇年代伊始，台灣人民勤奮地以加工出口拚經濟的方式，寫就出一頁「經濟奇蹟」的篇章後，在一九九〇年代再度寫下一齣「寧靜革命」為基調旋律的民主轉骨故事。爾後，中國改革開放帶來經濟大躍進，台灣資本也是箇中要角推手，不只從中得利甚多，更在全球供應鏈體系中，佔有重要一角。接下來，隨著中國改革開放的故事，開始走味為「中國霸權崛起」，並最終定調在習近平偉大中華民族復興的「中國夢」底下時，台灣自然而然地成為中國霸凌的海景第一排。

撇開「台灣主權誰屬」此一爭拗，不論是認同中國宣稱的「台灣是其不可分割的一部分」、或抱持黨國內戰史觀者而把「中華民國與中華人民共和國」並置看待、又抑或者主張「台灣是台灣人民的國家」等等不同看法——在中共併吞台灣的暴力面前，首當其衝的都將是台灣人民歷經數十年的犧牲，方才一點一滴實現的「民主制度」與「民主生活」。是故，蔡英文總統在二〇二二年的雙十演講中，也以「**四大韌性**」為題勾勒出未來願景，並以「讓民主體制成為全民共識」、「強化資訊透明和錯假訊息辨識」、「深化國際合作，跟民主盟友緊密連結」作為「民主韌性」實現的目標。

中國崛起的灰色寄生

事實上，中國崛起之後，隨著它對國際影響力的提升，其對國際政治干預手段層出不窮，最令人頭痛的則是，中國巧妙地利用民主社會所允許的各項自由與空間，進行「灰色寄生」，並以此方式滲透、破壞、跟介入意欲影響與干預的國家。

二〇一七年年底，《美國民主基金會》舉辦一場研討會，當中提出中國正在施展一種與過往截然不同的方式影響世界各國的手法，即一種名為「中國銳實力」（sharp power）的概念。後來，經由英國知名經濟雜誌《經濟學人》以「中國銳實力」加以報導之後，銳實力的概念，才逐漸廣為人知。這種中國銳實力，不是傳統上以文化影響力為表現的「軟實力」，亦非過往以軍事作為恫嚇手段的「硬實力」，而是運用各種可想像與難以想像的手段，服務於中共的政治目標的滲透力。

簡言之，對中共而言，不管什麼手段，只要能服務於中共政治需求的，就是好手段。於是，各國有影響力的人、媒體、輿論、學界、商界、公民社會、海外中國僑民與僑社等，凡是能最終服務於中共政治需求的，就是可採用的手段。就這樣，儘管煙硝沖天的戰爭尚未開啟，但一種具有中國特殊況味的「超限戰」，卻早已深入其對手國的內部之中，進行恣意地掠地攻城了。

由於中共濫用民主社會中的公民信任與自由空間之允諾，予以灰色化寄生的方式遊走；因此，所謂「民主韌性」的強化，勢必就得重新檢查自身民主是否健全，是否有明顯漏洞可讓中共暗黑力量鑽營等等。換言之，若回過頭重新檢視台灣民主的脆弱性，便可輕易發現一項費解與不可思議的現象：台灣民主競技場域中的主要政黨——中國國民黨，竟然一點也不避諱與中國隔海共鳴與呼應。

這些絲毫不在意是否忠誠於台灣人民與土地的政黨，竟是台灣民主政體中的主要在野黨，這樣的台灣，其「民主韌性」能夠得到強化嗎？當這類政黨，早已是台灣民主政治競技場域的長期且主要玩家之時，該如何面對處理呢？打個譬喻，如同餐桌上，本該是世界各國美食的料理比拚，但那個本不該出現的「過期有毒食品」，不只躍上了餐桌，還早已成為美食比拚的主要選項之時，這一切早已亂了套，不是嗎？

捍衛「本土政權」抑或「本土政體」？

回到《第十二屆海內外國是會議》，其第二項主題所探討的正是「捍衛本土政權」。事實上，「政權」此字英文「regime」，常會被指涉為負面且不具備正當性的「威權」或「獨裁」政權。例如，對於中國此一非民主國家，新聞常會習慣性地以「中共政權」或「北京政權」稱呼之。至於，對美國民選政府，則通常以「華盛頓政府」或者「川普或拜登政府」（Trump/Biden Administration）作為代稱。姑不論「政權」的用法，究竟是負面或正面意涵；端就「本土政權」此一說法來看，它就是指涉由民進黨所執政的「本土政府」之意。

或許，台灣政界的詞彙使用慣習，多是用「本土政權」，鮮少用「本土政府」的說法，所以上述本土獨派舉辦的「國是會議」，當然也就採取「本土政權」的慣用說法。但由於，在中

筆者與台灣基進黨企劃主任顏銘偉出席國是會議。

文字使用的語境之下，「政權」似乎指涉由某個政黨執政之意，「本土政權」即是由本土政黨——「民進黨」執政；同時，「本土執政」的背後，其實也隱含著若由「中國國民黨」執政，則讓台灣將陷入一種「非本土政權」執政的可怖狀態之中。

然而，問題即出在，「由本土民進黨執政」的「捍衛本土政權」，是根本不可能千秋萬世的，只要民主有政黨競爭，具備競爭力且主要在野的政黨是非本土政黨，一旦選民的「『喜新厭舊』時刻」來臨，隨時即可能會讓中國國民黨再度贏得選舉而班師回朝，淪為「非本土執政」的狀態，並再度使台灣陷入威權復辟，以及向中國地獄奔去的悲劇道路啊！

台灣選民的「喜新厭舊」

其實，只要稍加回望二〇一八年彼時在高雄瘋狂肆虐的那股「韓流」，即可發現；縱使「本土濃度」或者「深綠濃度」僅次於台南的高雄市選民，在面對民進黨在高雄連續執政二十年（一九九八、十二—二〇一八、十二），也會想要「換換口味」；便知台灣選民就如同挑嘴般的消費者一般，內心中似乎都安裝著一種名為「喜新厭舊」的開關。

高雄市從一九九八年年底謝長廷入主高雄市政府之後，便開始啟動高雄工業城市的轉型工程，直到二〇一八年陳菊市長任期屆滿，民進黨前後執政二十年。儘管，高雄城市轉型的成效，是有目共睹的；但一旦「換人做做看」的心思開關啟動後，縱連空降高雄的草包韓國瑜之流，都可以藉此大爆冷門奪下高雄市長寶座。

雖然，此類選民就像是不可理喻的「奧客」，但若將此種選民類比為異常挑嘴的消費者，即便民進黨是精緻美味的「法式料理」，人民也不可能每日都吃！吃膩了法式料理後，若沒有其它安全選項可供抉擇之時，縱使那個僅餘的選項非常可能會令消費者食物中毒，但依舊會讓大多數消費者囫圇吞食下肚呢。因此，提供人民一種「法式料理」之外的安全與健康選擇，即可保證當選民的挑嘴癮頭再度發作之時，避免再次吃到會腹瀉甚至有毒的料理。更不用說，按照台灣當前狀況，除了民進黨這道料理之外，僅餘的主要選項，就是如同「中國地溝油」般的親中有毒料理啊。

言歸正傳，其實「regime」此字的中文翻譯，也可翻成「政體」。若取此種翻譯，「捍衛本土政權」其實就是「捍衛本土政體」；此時，中文語意似乎也就有了轉變。「本土政體」意指台灣政府體制、抑或台灣政治體制，是以「本土」為基本內核。

雙本土政黨才是本土政體的實現

果若，民主政治的具體實踐是以定期改選為表現，那麼確認台灣民主政治競技場上的主要角逐者——政黨，率皆以「本土」為度，以腳底下的土地為念，都是忠誠於台灣與台灣人民利益為優先的政黨；不論扮演「執政治理」，抑或演繹「在野監督」職責的政黨，都是本土政黨；則雙本土政黨的競爭格局模式，就是所謂的「本土政體」（本土政治體制或本土政府體制）的落實與完成。

此時，「捍衛本土政體」的意思，將不單單只是實現「民進黨執政」此一目標，而必須進一步確保「本土執政黨」與「本土在野黨」此種雙本土政黨良性競爭的模式格局的實現。唯有如此，所謂「捍衛本土政體」此項任務的完成，便是指：除了延續民進黨的執政之外，也必須讓另外一支堅定本土在野監督的隊伍得以存活並站上歷史舞台，以此爭取未來壯大的機會。

直言之，「捍衛本土政體」此項任務的完成，必須延續民進黨執政，以及讓堅定本土小黨（如台灣基進）擁有打死不退至少五％的政黨票，確認它能在國會擁有席次及政治舞台，才能實現。此外，誠如法國「新史學」大師皮埃爾．諾哈（Pierre Nora）在《記憶所繫之處》（*Les*

閱讀小貼士

★「民主必然在地」：以巴西跟美國為例

巴西跟美國這兩個現代國家打造的歷史書寫，皆是以歐洲白人殖民主進口黑奴的歷史，以為其當代歷史的序幕篇章。然而，過往巴西的黑奴，享有比起北美洲黑奴更高的自由度。以巴西而言，源於非洲相同地區的黑人，通常會住在一塊，這使得巴西黑人相較於美國黑人，更易於保有其固有原鄉文化。巴西的黑奴，縱使沒有主人允許，不僅可結婚，且婚後仍服侍原主人；同時，主人更不能將已婚配偶拆散或單獨賣掉。此外，巴西白人跟女黑奴的性接觸頗為尋常，婚後的黑白混血子女，不僅身份自由，更成為白人家族成員的一份子。終至一八八八年廢止奴隸制度時，巴西的白人早已習慣自由黑人的存在。

反觀美國，跟巴西有著許多反差。事實上，美國南北對於黑奴的態度，可說南轅北轍，將黑奴家庭個別拆開販賣，頗為常見，布萊德彼特執導的《自由之心》（*12 Years a Slave*）一片中，便可見此悲慘場景。隨著資本主義工業化的進程，美國北方工業勞動力需求與南方種植園黑奴勞力需求，兩者之間的緊張關係開始出現，導致南北差距開始從「思想價值的對立」（人口販賣的道德問題），擴大成「物質利益」（勞動力需求爭奪）的對立。如同馬克思認為，若白人社會的內部存在較大分歧，立基於種族主義制度上的系統性排除手法，將有助白人社群內的統一與團結。因此，內戰後雖讓黑奴得以解放，但美國的「種族隔離」卻隨處可見，直至一九六〇年代的黑人民權運動，才逐步破除那道橫亙於黑白之間的藩籬。

至於巴西，奴隸制度結束之後，巴西黑人開始往城鎮或都市挺進，尋找就業與落腳處。雖然大多數黑人依舊處於清貧狀態，但有業可就之黑人，不但沒有被排除在工會之外，且一部份的黑人也開始隨著工作或生意契機，慢慢地晉身優渥的經濟地位。於是，巴西便出現一句俗諺說：「一個富有的黑人是白人；一個貧窮的白人是黑人」。換言之，巴西社會中的經濟與階級對立問題，早已凌駕膚色與族群的矛盾，成為社會主要的矛盾跟對立。

事實上，巴西社會對待黑人長期都比美國寬容，此種情形一直得等到美國一九六〇年代黑人民權運動的衝撞，讓美國的黑白族群的不平等關係緩解後，才逐步跟巴西社會看齊接軌。儘管如此，美國的黑白矛盾與衝突，依舊如休眠火山一般，總會因某個事件為導火線而引爆。例如，二〇一三年六月，佛羅里達地方法院審理一件白人與拉丁裔混血協警槍殺黑人少年的案件，五名白人和一名西班牙裔女性所組成的陪審團，判定協警齊默爾曼無罪之後，黑人憤怒的抗議浪潮，便襲捲全美。

因此，千禧年之後的巴西跟美國，分別有對各自國家有著劃時代政治意義的事件發生。二〇〇二年底，巴西勞工黨盧拉（Luiz Inácio Lula da Silva）當選巴西第三十五屆總統，成為巴西歷史上首位工人出身的總統，更讓勞工黨首度榮膺總統寶座，帶來巴西社會貧富矛盾緩解的期待曙光。至於美國，則是二〇〇八年底黑人後裔出身的歐巴馬，摘下美國總統桂冠，意味著美國在種族與族群問題的跨步向前。此兩件對巴西與美國各具政治象徵意義的政權輪替，清楚地說明，「民主」作為一種程序性工具，不同國家的人民，都可透由掌握此一程序性民主工具，解決本地人民最為在意的主要社會矛盾與問題。在美國，他們的民主劍尖，朝著種族族群問題的荊棘叢林方向劈去；在巴西，民主鋒芒則指向經濟懸殊與階級問題的蒺藜叢林所在。

由此可見，「民主」首先是為了解決在地與本土所面對的主要社會矛盾，並成為該國社會的核心政治議程。同樣有黑白種族問題，但由於美國跟巴西的社會發展進程迥異，黑白種族問題依舊困擾著美國社會；可是對巴西而言，階級不公與貧富懸殊，才是主要社會矛盾。於是，巴西與美國就利用手頭上的民主工具，直面各自國內的主要社會矛盾，並分別以工人總統跟黑人總統，為「民主首先必然在地」作出最佳的註解。

起初基進的形成，就是靠全台一場場的講座，尋求認同理念的伙伴集結而成。

Lieux de memoire）一書指出的：「民主的原則與價值，不足以確保集體性的凝聚，這只能形成一個骨架，至於肉身，必需靠著具備歷史意義的象徵與地方所傳遞的情感來承載。」事實上，「民主必然是本土」（democracy is local）；因為，如果民主是一種程序性工具，那麼這個程序性的工具，首先是拿來解決每一個不同「在地」的各自發展難題與困境。

民主必須緊扣本土

事實上，若只有普世性的「民主」機制，但卻沒有將其鑲嵌進不同在地的「本土」脈絡、歷史與背景，則「民主」勢將難以捍衛。這可由許多「**後衝突國家**」的再造經驗中，得到間接應證。

端就過去數十年的歷史，許多飽受內戰砲火蹂躪，且在聯合國「維和部隊」介入下調停，雖然該國進入戰後重建的「後衝突國家」階段，但大多卻都不幸地掉進所謂「失敗國家」（failed state）、又或者「國家崩壞」（collapsed state）的窘境之中。關於「後衝突國家」的國家失敗經驗對台灣政治困境的更多啟示，在後面的篇幅中，將會有進一步的闡述分析。

儘管，聯合國通常會協助此類「後衝突國家」，進行一整套的民主制度之建構設計與運作經驗轉移，但由於該國共同體上許多關於其住民歷史的、記憶的、情感的、文化的……等等「感性」面向常被外來重建者給忽視，最終卻都導致「民主制度」運作的失靈與失效，並讓國家再度陷入失序混亂的狀態。

換言之，源發於土地的、在地的歷史、文化與情感等面向的部分，即是一種屬於「共同體」身份與認同的幽微情結與叩問。放在台灣特殊歷史脈絡之下，這些幽微的情結就像是台灣所謂關於「本土」的各種相關討論。因此，儘管中國國民黨已在台灣民主化後多次選舉，或是近年方才在台灣誕生出現的新興政黨，並不會自動地就成為所謂「本土」的政黨。如同，作為新興政黨的「民眾黨」，其黨主席柯文哲所展現的言行、文化與思想興味、歷史觀與情感關懷，根本很難被歸類在「本土」的政黨範疇中。不論如何，台灣民主韌性的強化，勢必得鑲嵌在「本土政體」的實現與完成；而「本土政治（政府）體制」的實現，則必須要以「本土執政治理與本土在野監督」兩個政治隊伍的共構為表現，缺一不可。

走筆至此，如果「強化台灣民主韌性」與「捍衛台灣本土政體」是當前台灣人民的歷史任務，那麼這項任務的成功完成，就必須是「**讓本土民進黨贏得總統執政**」與「**確認本土在野的台灣基進過五%進入國會存活**」，這兩個目標同時落實而兌現。底下將針對民進黨與基進黨的本土政治想像框架的異同，進一步梳理出符合台灣歷史大局的行動方案究竟為何。

CHAPTER

2

民進vs・基進：台灣民主轉型的理解框架之同與異

「框架」（framing）在行為經濟學中，常被用以指稱「以偏概全」地用固定的視角去看待事情，而導致思考的慣性偏誤。然而，一般在思維之時，不可能天馬行空、漫無目的且發散地胡思亂想，否則根本無法聚焦討論。畢竟，我等並非真正得道高僧，可以有無框架的境界。

舉個禪宗衣鉢相傳的故事：

禪宗五祖弘忍衣鉢相傳之際，大師兄神秀在堂前廊壁間寫下他的偈子：「身是菩提樹，心如明鏡台，時時勤拂拭，勿使惹塵埃。」為寺內僧人廣為流傳。惠能聽聞此偈，便知此偈未見本性，於是請江州別駕張日用幫他書寫自作的偈誦：「菩提本無樹，明鏡亦非台，本來無一物，何處惹塵埃？」此偈寫後，五祖門人們都很驚訝，互相談論惠能與他的偈誦。五祖恐怕有人傷害惠能，於是用鞋子將偈抹去，並說：「這首偈也沒有見到自性。」大眾聽了之後，便以為如此，遂息了諍論。[1]

後人常以此故事提點境界之高低，也多肯定六祖惠能的確比較「犀利」。然而，筆者認為，我等皆是凡人，大多並不具備當下「頓悟」的慧根，反而應該修持「時時勤拂拭，勿使惹塵埃」這種經由「漸修」過程以逼近「悟」的取徑。以此心態回到「框架」的問題，同理，我們並不

1 摘自中台山網站《中台世界—中國禪宗六祖惠能大師》，連結：https://www.ctworld.org.tw/chan_master/east006-0.htm。

是要去期待吾人能捨棄「框架」，而是去認識、去瞭解與去掌握自身與他人的「框架」為何，理解跟感知自身與他人思維「框架」的差異，並在各自不同框架之間比較思考。如此辯證分析之下，某種程度上，便能逐步明瞭不同的「框架」之間，各自的侷限與優缺點。

那麼，以下就從「先入為主」的思考框架談起吧！

如果貧窮能限制我們的想像

「貧窮限制了我們的想像」，是人們經常拿來自嘲的話。有錢人的生活與世界，並非我等平凡人可想像。其實，這句話的背後，有著更深的涵義：切忌讓「本位主義」、「先入為主」、抑或「理所當然」的「框架」，侷限了自身的思維與行動。當我等開始考慮「框架」的自我提問之時，這不僅意味著我們必須「跳脫框架」或者「破框」，以免思維跟行動受限；另一方面，這種帶著叩問「框架」的心情，其背後也是一種對自身的提點：應具備對他人的理解能力——「**他者關懷**」。

就此而言，基進跟民進對於台灣民主轉型認識，以及對政治未來想望的框架基礎，分別有著迥異與相似之處。即便是台灣基進內部伙伴與支持者，也不時被民進黨挾著強大宣傳力道的政治論述影響而不自知，導致黨內經常必須與其政治論述框架進行戰鬥，並挑戰許多「理所當然」且「根深柢固」的華國保守文化，才能重新釋放出對於台灣民主政治與未來的新想像。

那麼「民主進步黨」與「台灣基進黨」之間的認識框架差異何在呢？就讓我等尾隨台灣民主轉型的歷程，重新爬梳台灣民主轉型的認識與論述。

民進黨的台灣民主轉型論述與認識框架：讓民進黨「全面執政」，然後呢？

先從民進黨的民主轉型論述的框架談起。

民進黨的前身是「黨外」，也就是國民黨一黨專政時期之外的政治人物與勢力的匯總泛稱。所謂「黨外」的組成集結，無異是「反中國國民黨各路人馬的大聯盟」。一九八六年九月二十八日，經過長年黨外運動的叩關與政治集結，民進黨終於成立。隔年七月十五日，地表上最長的「戒嚴（軍管）」終於落下帷幕，台灣邁向後戒嚴時代。約莫半年之後，一九八八年一月十三日，台灣土地上最後一位蔣姓威權強人總統駕鶴西歸；於是，李登輝意外接續蔣經國未滿的總統任期，同時也接任中國國民黨黨主席。

李登輝嘗試把中國國民黨此一外來政權「本土化」，在野本土民進黨則扛著「清廉／勤政／愛鄉土」的訴求，跟李登輝主掌的中國國民黨競爭。李登輝總統的中國國民黨本土化工程之一，就是透由掌握地方政治實力的「地方派系」以贏得選舉；同時，連帶將此勢力引進黨中央的核心，稀釋長期由「後四九」政治落跑權貴所壟斷的「中國國民黨『黨機器』」。

然而，李登輝此一本土化的路徑，順帶也招徠「地方黑金」勢力的坐大與興起；於是，民進黨抗衡中國國民黨的招牌，又多了一塊「反黑金」的大看板。民進黨在一九九〇年代的大小選舉練兵中逐漸茁壯，最終迎來了二〇〇〇年由阿扁總統所帶領的第一次政黨輪替。然而，民進黨執政之後，發覺國會未過半，對執政推動造成極大困擾與阻滯，於是讓民進黨「本土國會過半」以實現「全面執政」，即成了民進黨亟欲實現的下一哩民主征程，並成為民進黨訴諸台灣社會與人民的「大義」。

二〇〇四年陳水扁總統連任之後，同年十二月十一日第六屆立委選舉，民進黨在區域、不分區以及僑選立委拿下的總席次為八十九席，國民黨七十九席，親民黨三四席，台聯十二席，無盟六席，獨立參選四席，新黨一席，民進黨成為國會第一大黨。但是如果用「泛藍 vs. 泛綠」的聯盟來看，泛藍陣營囊獲一一四席，佔總席次二二五席的五〇．六七%；泛綠陣營獲一〇一席，佔總席次四四．八九%。其他陣營囊括一〇席，佔總席次四．四四%。以民進黨為主導的泛綠，依舊沒能在國會實質過半。

泛綠陣營無法過半，再加上台灣的立法院可說是長年遭外界詬病，不只其議事效率不彰，立委諸公更是素質低劣不忍卒睹；於是，「立委減半」運動開始發軔，並主張藉由「席次減半」

降低米蟲與素質不佳的立委，透由「單一選區」來阻絕立場極端意見偏鋒的立委進入國會。最終，民進黨與國民黨達成協議，修改《中華民國憲法增修條文》，並在二〇〇五年任務型國民大會修憲中，不只把立委席次減半、立委任期由三年延長為四年之外，更同時採用單一選區兩票制與廢除國民大會，納入公民投票，但一併加高修憲門檻。

二〇〇八年一月，席次減半、單一選區兩票制的立委選舉首次登場。民進黨大敗僅餘二七席，中國國民黨則囊括八十一席。緊接著二〇〇八年三月的總統大選，馬英九以七六六萬票，大贏民進黨謝長廷與蘇貞昌組合的五四四萬票，兩者相差二二〇萬票，台灣迎來了「二次政黨輪替」。至此，民進黨陷入低谷，馬英九則開始進行兩岸「人流、物流、金流」雙向對接流通的「兩岸市場障礙剷平」（level playing field）的市場一體化工程。

阿扁就任總統之後，國際上一種「轉向中國」的政經氣氛，悄然成形。二〇〇一年的「九一一」恐怖襲擊事件，招致美國大力吹起國際反恐主旋律。彼時，中國則趁著美國深陷反恐泥淖，以及全球經濟危機加深之際，找到崛起的關鍵時機與利基。美國在「後九一一」耗費大量資源投入反恐，中國就順理成章在美國「反恐很忙，也需中國配合」的氣氛下，於二〇〇一年「入世」（加入世貿組織）成功。

中國崛起造成的親中風潮

之後，二〇〇七年美國次級房貸、二〇〇八年全球金融海嘯與經濟危機，二〇〇九年歐債危機蔓延，西方經濟陷入谷底困境。反觀中國，二〇〇一年以開發中國家身份加入世界貿易組織（WTO），並以「世界市場都是我家」的好處站穩「世界工廠」的霸主地位，進而撐起中國經濟大崛起。遑論，二〇〇八年的北京奧運，帶來中國民族自信心大爆棚，對照歐美同時期的經濟慘狀，中國也就自然而然地成為彼時身上散發著萬丈黃金色光芒的「救世主」（拯救世界市場的主人）。就這樣，馬英九的親中路線，也就更加理所當然與理直氣壯。然而，馬英九愈是親中，台灣主權流失的疑慮，也就愈加明顯。二〇〇八年，總統與立委大敗的民進黨，再戰二〇一〇市長選舉，時任主席的小英征戰新北市，最終以一一萬票的差距敗給朱立倫。五都之中民進黨僅贏下高雄與台南，國民黨則拿下台北、新北與台中，當時許多電視名嘴都認定民進黨是輸在所謂的「中間選民」。

二〇一二年總統與立委選舉，馬英九再度以六八九萬票，力壓小英的六〇九萬票，民進黨立院則以四十席敗給國民黨六十四席。此次，許多名嘴與政論家紛紛把民進黨的敗選，歸咎於「民進黨欠缺兩岸政策」。於是，同年十月四日，民進黨大佬謝長廷前往中國，展開為期五日的「開展之旅」。當時候的新聞報導：[2]「前行政院長謝長廷日前宣佈四日將赴中國大陸訪問，此行先主動安排廈門東山島『祭祖』，七日再赴北京出席國際調酒大賽，並定調五天四夜的大

2 《ETtoday 新聞雲》，〈赴廈門『祭祖』謝長廷：若不做、重新執政變傳說〉，新聞連結：https://www.ettoday.net/news/20121002/109563.htm。

陸行『開展之旅』，希望寫下『互信與分享的新頁』。他表示，民進黨要正視中國大陸的崛起，若『國共聯手對付民進黨變成常態，要再重新執政將變成只是傳說。』」

二〇一三年之後，親中總加速師馬英九開足動力，全力佈建「兩岸服貿」、「（中國）自經區」、「兩岸貨貿」等兩岸市場一體化的工程。但同時，台灣內部各種公民運動也正此起彼落。二〇一四年太陽花運動，意外中斷了兩岸服貿的進程；且在同年底的九合一選舉中，民進黨終於大贏。緊接著二〇一六年大選，民進黨總統大勝，立法院單獨過半，終於實現翹首盼望已久的民進黨全面執政，並一路全面執政至今即將滿八年！儘管，二〇一八年莫名其妙的「韓流」亂入，讓二〇二〇年的小英連任之路差點夭折受挫，但最終在二〇一九年香港「反送中」的運動背景下，催生出全台蔓延的「亡國感」焦慮，並以史上八一七萬票的最高票順利連任。

從此之後，如果台灣是由民進黨執政，則台灣似乎還不至於完全受中共擺布；假若由宛如中共代理與在地協力政黨——中國國民黨（+民眾黨）在選舉中勝出，則台灣即有可能再度往中國懷抱裡奔去。儘管，國民黨跟民眾黨兩黨對中國的態度論述看似有異，但其二者的對中論述的客觀效果，正好形成「搭配組合」：即是一黨宣傳中國好棒棒，另一黨則宣傳中美等距。

簡言之，「一個說中國是好朋友，另一個說，不要成為美國好朋友」，這種作法儼然是中共統戰配搭手法：想方設法得到你，如果無法得到，也要讓對手無法得到你。於是，「要避免台灣被中共併吞，選民就必須在議員、立委與總統選舉上，全面力挺民進黨，讓民進黨繼續全面執政」——這就成為民進黨論述框架背後的主要「大義」。

定期改選，定期亡國感

然而，我們越是關心台灣未來，內心焦慮就越來越清楚浮現：為何這些年的每次選舉，都得籠罩在中國國民黨萬一獲勝，台灣即可能被送進中國虎口的巨大陰影之下呢？

換言之，為何以定期選舉作為民主實踐的台灣，且已經「民主化」超過三十年了，為何還得面臨「定期改選，定期亡國感」的糾纏呢？

為何，民進黨全面執政之後，此份焦慮不僅沒有轉緩，反而益發濃重呢？

又為何此種以選舉為表現的民主實踐結果，卻可能會導致台灣自毀呢？

我們的民主轉型或者民主實踐道路，到底問題出在哪呢？

再者，在台灣生活的尋常人等，在柴米油鹽醬醋茶的日常中打滾，在家庭、工作、生活中來回，疲累似乎早已是家常便飯；為何至今我們不能擁有一種「縱使生活累到無力關心政治，無力關心選舉，但不管選舉結果為何，台灣都依然是台灣而不會消失」的「安心感」與「小確幸」呢？

看圖說故事

★一民調看台灣選民的「喜新厭舊」心態

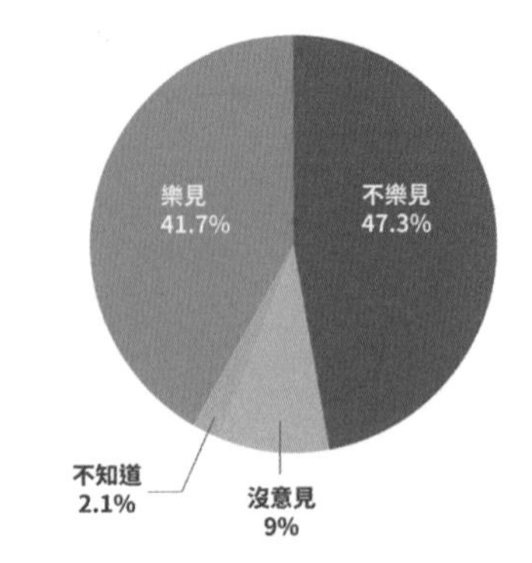

「民意基金會」民調，委託「山水民意研究公司」執行，在5月8日、9日兩天進行訪問；針對全國20歲以上成年人，以全國住宅電話用戶為抽樣架構進行隨機抽訪，有效樣本1076人。製圖：台灣基進

據媒體報導，由政治學者出身、且曾擔任民進黨副秘書長的游盈隆主持的「台灣民意基金會」，在五月上旬發表民調。其中，訪題之一：「明年（二〇二四）一月總統大選，您是否樂見民進黨再次贏得大選，繼續執政？」結果發現，該題有效樣本中有十九．七%「非常樂見」，二十二%「還算樂見」，十九．五%「不太樂見」，二十七．八%「一點也不樂見」，九%「沒意見」，二．一%不知道、拒答」。換言之，根據此份民調，二十歲以上的台灣選民，四成二樂見二〇二四民進黨繼續執政，四成七則不樂見。

由於無法掌握民調問卷題目全文，無從得知是否存在引導導致偏頗；若將其當成參考依據，從「不樂見民進黨繼續執政的受訪者，高於樂見民進黨繼續執政受訪比例」一事，某種程度也反映出台灣社會普存的「喜新厭舊」心態。此一民意調查，再度說明，若繼續讓中國國民黨與投機政黨扮演主要在野黨的角色，而不思催生與護持出另外一支本土在野監督的政治團隊，當「喜新厭舊時刻」來臨之時，即是中國國民黨班師回朝之刻；那時，就是台灣真正危殆之始！畢竟，習近平絕不會錯過中國國民黨再度執政的契機，以完成習近平「中國夢」中最重要的一塊拼圖——台灣！

民進黨版本中對台灣民主轉型理解的「框架」及由中所推演出的「大義」，似乎無法有效解決小民們內心中，那份注定會定期出現的「定期改選，定期亡國感」之焦慮與不安啊？難道未來的每一次選舉，都得要陷入高度情緒緊繃、心情極端焦慮的身心狀態嗎？這樣不會疲乏嗎？這樣活著，難道不累嗎？

況且，「喜新厭舊」是台灣社會普遍之常情，縱使民進黨全面執政的治理菜色，宛如高級法式料理般美味，但吃久了難道不會膩嗎？不會想嘗試不同款式的菜色料理嗎？一旦人民「『喜新厭舊』時刻」再度來臨，又想換口味料理，縱使基進在一旁大聲疾呼與揭露那個意欲替代的菜色，可能內含高濃度的有毒農藥殘餘，人民可能還是會說，沒吃吃看怎麼知道呢？二〇一八年，韓國瑜就是在「換人做做看」的心情旋律之下勝出；果然，最終也端出令高雄市民作噁的治理菜色。

幸好，最終二〇二〇年一月蔡英文總統選舉大勝之後，台灣基進與高雄公民團體 We Care 隨即投入「罷韓連署」，並最終在二〇二〇年六月六日，把那位可能讓高雄城市轉型的二十年努力給腰斬的韓國瑜請出高雄市政府。但真的必須要說，「罷免」如同工會抗爭的最後手段「罷工」一般，是非不得已且最後的民主糾錯工具，是社會、經濟與人力資源高度消耗的糾錯機制。

言歸正傳，高雄市算是全台僅次於台南的本土濃度第二高的深綠城市，民進黨在高雄從一九九八年至二〇一八年連續執政二十年，其推動高雄市城市轉型與治理成績有目共睹，依舊難以阻擋「喜新厭舊」時刻來臨後的「換人做做看」衝動，那放在全台灣，民進黨「全面執政」（總統與國會單獨過半）可以持續多久呢？在「喜新厭舊」慣習根深柢固的台灣，讓民進黨永續「全面執政」不僅是天方夜譚，一黨永遠執政，對台灣民主也未必是好事啊。

基進黨的台灣民主轉型論述與認識框架：以雙本土政黨的競爭格局，實現「民主鞏固」

上述民進黨的台灣民主轉型論述與視野框架，無法完全解決平凡小民內心的焦慮與不安。尤其，二〇一〇年的「五都選舉」選輸之後，彼時名嘴與政論家把問題歸咎於「中間選民」此項因素。如果真把這種唬爛當真，那麼台灣未來的選舉競爭，豈不是就得盡量迴避衝突性高的政治議題，而得以小清新、裝可愛的姿態，來討好所謂「中間選民」呢？但問題是，台灣經受中國國民黨超過一甲子的黨國垃圾意識形態的荼毒洗腦，如果不與這些意識形態直球對決，如果不廓清此些遺毒，那麼台灣的政治，還能是一種指向未來願景擘劃與落實的實用工具嗎？民主政治還能作為凝聚台灣共同體意識的機制嗎？

此外，早在三十多年前，很多批評資本主義全球化的主要惡果，即是各國為爭取外資進駐，勢必得陷入「勞工比賤賽」（race to the bottom）：比誰的工資最便宜，即可以獲取資本青睞。同樣的道理，如果二〇一二年民進黨真的是輸在「欠缺兩岸政策」，然後民進黨也真的去提出「比國民黨更誘人、讓中共更滿意的兩岸政策」，這豈不是讓台灣陷入藍綠政黨「舔中比賽」（race to China）的悲劇循環與陷阱嗎？

民進黨也真的差點輕信，「欠缺兩岸政策」是他們無法執政的罩門。但二〇一六年的民進黨，並沒有提出所謂令中共滿意的兩岸政策，最終結果還是大勝啊！對於某些名嘴或政論家的唬爛嘴，真的不可盡信。

如果你問，基進黨有沒有兩岸政策？有，那就是「透由敵國意識的理解與抗中實踐，讓台灣經濟體跟友善國家深度掛勾，為台灣帶來進一步真正的國際化！」這就是台灣基進的「兩岸政策」。

首次政黨輪替後，如何民主鞏固？

台灣基進對台灣民主轉型的框架視野，與民進黨分道揚鑣的轉折點，起於二〇〇〇年台灣史上首次「政黨輪替」的時刻。彼時，當全台都浸淫在台灣民主歷史上第一次「政黨輪替」的喜悅之時，台灣政黨輪替的同時，卻也埋下台灣未來「民主鞏固」的難題。

事實上，「民主化」（democratization）或者「民主轉型」（democratic transition），其實意味著從「威權狀態」遠離。用形象化的方式描述，民主化的台灣，如同搭上一輛號稱民主化的巴士，從「威權站」駛離，並朝向「民主幸福終點站」奔去。由於我們把此一過程稱之為「民主化」，因此，這常讓人誤以為民主化的巴士，會自動地把我們帶往民主幸福的巴士終點站。然而，這卻是個大錯特錯的美麗誤會。

根據世界各地的民主化實踐經驗，從「威權站」駛離的巴士，未必能自動抵達「民主幸福終點站」——它的下一站可能抵達所謂的「競爭威權主義站」（competitive authoritarianism），亦即有政黨競爭但依舊是威權主義的政治體質；抑或停靠在「選舉威權主義」（electoral authoritarianism），亦即有選舉但政治體質仍然是威權主義。當今世界，俄羅斯就是傾向於「競爭威權主義政體」的狀態，而新加坡則類似於「選舉威權主義政體」的展現。

回到台灣的故事。李登輝的「寧靜革命」表現，一方面企圖以本土化來改造中國國民黨此一外來政黨，讓本土化中的國民黨跟誕生於本土的在野民進黨進行競爭；另一方面，李登輝總統也借用在野民進黨的力道，回手壓制國民黨內部「沒大中國會死的深藍意識形態反動權貴」。因此，一九九〇年代的台灣民主化，就在「本土化進行式的李登輝國民黨 vs. 本土民進黨」所組構成的「雙本土政黨競爭格局」的引擎模式之下，一步步地把台灣民主化巴士往前推進。

正當我們沉浸在二〇〇〇年台灣第一次政黨輪替的喜悅時，台灣雙本土政黨競爭格局，卻隨著李登輝總統被視為彼次國民黨敗選的戰犯，並受到深藍中國國民黨驅逐而面臨崩解。接下來的故事發展：二〇〇〇年之後，台灣政黨競爭開始以「藍綠」的顏色表現，進行競爭表述。「泛藍 vs.·泛綠」（深藍新黨＋連戰國民黨＋宋楚瑜親民黨 vs. 民進黨＋李登輝台聯）此種政黨競爭模式背後，所映射的正是越來越清晰的「本土 vs. 非本土」之爭。

時間推進到二〇〇四年，阿扁總統連任，中共唯恐台灣人民利用選舉，越選離中國越遙遠。於是，中共就在二〇〇五年推出《反分裂國家法》，嚇阻台灣人民以選舉作為逃離中國的武器工具。此舉引來西方國際的側目與撻伐抨擊之際，連輸兩次的連爺爺，率團直奔中國，營造並向國際釋放出此乃「兩岸的中國內部事務」的印象，給中共作為台階，同時寫具一份「連胡公報」，以讓連戰取得宛如中共在台政經總代理的授權。此後，藍綠的政黨競爭格局，更進一步坐實了「本土」與「非本土」（內外兩個中國永浴愛河攜手大同盟）的競爭表現。

直言之，二〇〇〇年的國民黨敗選，李登輝成為被究責的戰犯，意味著國民黨本土化工程的反挫失敗。連輸二次的連戰，成就其中國政經總代理的位置，不僅是為「中國因素」進入台灣內部舖路，也讓中國國民黨人在台灣身份與中國身份認同的天平上，往更多中國人身份濃度的方向傾斜。於是乎，以選舉為表現的台灣民主實踐，亦就一步步地深陷「定期改選，定期亡國感」的結構難題之中！當然，二〇〇〇年後中國「入世」（加入世貿組織），奠定其以「世界工廠」之姿，帶來中國經濟霸權的崛起，及其擴張主義企圖心的霸氣外露。國際政經氣候與美中關係的演變，其實也是讓台灣「定期改選，定期亡國感」的結構難題，變得更加可感的重要原因喔。

美中關係四十年速寫

當前，美中的對峙，抑或「美國隊 vs. 中國隊」的國際較勁格局，在在牽動著未來三十年的國際政經格局與國際秩序的長相。台灣正處於在美中對峙的最前線，也因此，接下來台灣每一場的選舉，都將是台灣在「中國抱團圈」與「美國自由圈」之間選擇擺盪的象徵。是故，粗略掌握美中過往四十年的關係交往歷史，也將有助於理解台灣當前民主困境的結構根源。

在冷戰背景之下，中國是以美國為首的資本主義集團，其所意欲圍堵的共產主義集團的重要份子之一。隨著歷史翻頁至一九七〇年代，美國尼克森總統改採拉攏中國策略以制衡蘇聯，便於一九七一年四月十日派出美國桌球隊直抵中國，展開一場美中外交破冰的「乒乓外交」。

自一九四九年之後，這是首次有美國團體獲准訪問中華人民共和國。時值美國剛從越戰的泥沼中抽身，給予中國政經好處，不僅可以分化中國與蘇聯，更可換取中國停止輸出革命到東南亞，進而壓制蘇聯勢力外擴到東南亞。

為了回報中國，一九七九年美國索性琵琶別抱，除了主動告別中國國民黨政權之外，卡特政府更在一九八〇年給予中國「最惠國待遇」，打破了此種貿易優惠不給共產國家的慣例。美中關係的深化，在一九八九年天安門屠殺事件之後，進入短暫的低盪冰點。彼時在野的美國民主黨，開始要求經貿與人權掛勾。

然而，隨著一九九〇年代初的「蘇東波」（蘇聯、東歐、波蘭）風潮，共產集團瓦解帶來「後冷戰」的年代，彼時中國倍感壓力，於是開始利用「中國市場進入」（market access）的誘餌，拉攏美國跨國企業與資本，幫忙中國說項與遊說。例如，美國跨國零售商巨頭「沃爾瑪」（Walmart），便是中國對美國政府遊說的好拍檔。此外，北韓在蘇聯共產老大哥集團瓦解後，決心發展核武；因此，美國期待中國成為制約北韓的槓桿。再加上美國財團企業，覬覦肥滋滋的中國市場，遂聯手對美國政府施壓，希冀人權跟經貿脫鉤，更進一步讓中國最惠國待遇，得以無條件續期。於是，經貿跟人權掛勾的政策，轉變為柯林頓政府時期的美中「積極交往」（constructive engagement）。

二〇〇一年美國九一一恐攻事件發生後，「反恐」成為美國小布希政府主目標；中國就在此種國際政經氣候下，在二〇〇一年年底以「開發中國家身份」完成「入世」（加入 WTO），台灣也於隔年加入世貿組織中。就這樣，中國便藉著世界市場所帶來的龐大利基，將自身打造成「世界工廠」，同時也帶來中國驚人的經濟大躍進。

於是，美國宛如自欺欺人地自我說服，認為早年柯林頓總統的「經貿與人權掛勾」路徑，是一種通過接觸、合作、說服、影響來引導中國進入世界體系與美歐民主國際秩序的絕妙辦法。同時，據說隨著中國入世，帶來經濟高速發展，不僅會催生出龐大的中產階級，也會進一步促發中國在政治與經濟層面的進一步自由化與開放。從此，對中國「擁抱熊貓」（panda hugger）的綏靖路線，就一直主導著美中關係。

然而，天真的美國人輕忽的是，縱使是美國的「擁抱貓熊派」，對中共來說，這也是一種它們眼中邪惡美帝的「和平演變」（亦即悄悄地、一點一滴地把共產主義的本質轉化為資本主義體制）的陰謀手法呢！果然，中國經濟大躍進，從一九七八年十二月的「改革開放」到二〇〇〇年入世前共二十二年，中國人均 GDP 才從二二九美元，增長四倍至九五九美元而已。但入世之後，中國僅花了十七年時間（至二〇一七年），人均 GDP 便再度蛙跳式倍增九倍，人均所得達到八八三六美元。約莫二〇〇〇年左右，中國還是世界第七大經濟體，到了二〇〇七年便率先超越德國，成為世界第三大經濟體，直至二〇一〇年更一舉超越日本，穩坐世界第二大經濟體的寶座。此後，中國經濟體量遲早趕超美國的預言，似乎就成為「板上釘釘」的「未來事實」一般。

中國崛起埋下世界危機隱憂

儘管，早在二〇〇六年二月，美國國防部的「四年期國防總檢討報告」（QDR）便開始有「戰略重心東移亞洲」的舉措，但除了計畫趕不上變化，二〇〇七年美國**次級房貸案**爆發，緊接著二〇〇八年雷曼兄弟倒閉；於是，原本的金融危機惡化成全球經濟危機。翌年，歐債危機開始浮現，「歐豬四國」、「歐豬五國」的稱號出現；彼時，剛舉辦完二〇〇八年北京奧運的中國，正值民族自信心大爆棚，其經濟相較深陷危機中的歐美國家，更是亮眼。就這樣，中國在那場全球經濟危機之中，宛如「救世主」（拯救世界市場的主人）一般，成了世界各國的經濟救命浮木。

那時候，台灣迎來了內建中國人身份晶片的島主——馬英九[3]；不意外的，馬英九也成了世界「親中潮」的弄潮兒一員。歐美各國對中國市場依賴度不斷攀升，中國資本也瘋狂式地投入歐美各國。根據彭博社的統計，光二〇〇八—二〇一八年的十年之間，中國投入歐洲的資金就高達三千多億美金，差不多是十兆台幣之譜，其規模約略是二〇一六年台灣中央政府總預算一兆九八〇〇億的五倍之多。此時，原以為本該是世界文明與人權至上的歐盟大國，就這樣宛如染上「中國檳榔癮」一般，深陷中國各種政經綁架的枷鎖之中。

3　編按：此處為反諷中國始終拒絕稱馬英九為總統，二〇二三年馬英九興沖沖赴中掃墓並附和九二共識，對岸仍稱呼他為「馬英九先生」、「國民黨前主席」及「台灣地區前領導人」。

閱讀小貼士

★ 次級房貸危機（subprime mortgage crisis）

二十一世紀初，美國房市持續火熱看漲，信用不良的借款人也能利用「次級貸款」（簡稱「次貸」）取得貸款。金融機構把給付能力不足的貸款包裝成「衍生性金融商品」如「住房抵押貸款證券」，並將其轉售給第三方投資者或金融機構。

不論如何衍生轉賣，此些層層轉賣的「衍生性金融商品」的源頭就是「房價」。一旦房價下跌，那些原本還款能力不足的貸款人，開始出現「次級房貸」違約的情形。於是，一齣從抵押貸款違約進而連動到金融公司慘虧的事態，終於導致二〇〇七年四月美國第二大次級房貸公司——「新世紀金融公司」的破產。於是，就在金融機構跟其投資客戶的嚴重虧損下，進而蔓延引發二〇〇八年全球金融海嘯，擴大成全球經濟危機。

當然，帶有中國大一統白日夢的馬島主，也把過去台灣跟中國之間的經濟關係從原本是「台灣進中國」的單向性質，轉變成中台「雙向掛勾」。各種中國滲透，也就順著馬島主的「門打開，沒顧厝」政策，一點一滴深入並寄生在台灣社會各角落。直至今日，各式各樣的中國滲透，不僅早已深諳「利用台灣脆弱不健全的民主，以顛覆台灣民主」的手法，更讓台灣以定期改選為表現的民主實踐，隨時都可能亡於民主選舉本身。

終於在二〇一一年，美國開始意識到中國霸權崛起對國際秩序所產生的挑戰，歐巴馬政府提出「重返亞洲」（pivot to Asia）的戰略。時任總統的歐巴馬，在經貿戰略上，企圖利用各種排除中國的區域性貿易協定，以孤立中國的姿態，企圖柔性轉化中國。於是，其任內推出TPP（跨太平洋夥伴關係協定）、TTIP（跨大西洋貿易與投資夥伴協定）、TISA（服務業貿易協定）；希冀，能以此三T計劃孤立中國，用柔性手段嘗試把中國拉回到由美國所主導下的世界秩序藍圖中。

然而，習近平的認知卻是「太平洋很大，足以容納美中兩國」，再加上中國「百年國恥」的病態教育與扭曲歷史觀，中國擴張性的霸權崛起，實屬必然。於是，歐巴馬的柔性沒能剋得了習近平的剛性，反倒讓中國企圖以「製造二〇二五」帶出「厲害了我的國」，完成習近平的偉大民族復興中國夢。直至二〇一六年年底，美國迎來不按牌理出牌的非典型總統川普，高舉著「不公平貿易」的寶劍直指中國，並開啟爾後一系列的美中貿易戰、美中脫鉤與美中新冷戰的序曲演變。

儘管，不論美中是否已經進入「新冷戰」的階段與格局，此次的「新冷戰」勢必與過往「冷戰」的形式，有著截然不同的表現。畢竟，此次的美中新對峙，是經過「後冷戰」之後三十年的經濟全球化，中國與歐美各國早已經濟相互穿透與依賴，再加上穿透國界無遠弗屆的網際網路科技，帶來各種新型態的滲透可能，因此當下中國與美歐的「脫鉤」或者「新冷戰」的路徑與展演，勢必與冷戰一．〇版本中那種「楚河漢界」之界線分明的狀態，有著相當迥異的形式表現。

當下國際政經氣候已拋棄過往對中國的「擁抱熊貓」此主旋律，歐美民主抗中同盟的隊伍，也正在形成中。但台灣的難題則在於，過往台灣社會或許受到中國國民黨黨國遺毒摧殘，導致台灣國民身份認同錯亂情形依舊普遍，再加上中國長年認知作戰帶來的各種腦袋混亂，以及中國在台灣內部培植的在地協力者或中共代理人，甚至中共安插的第五縱隊，在在讓台灣人民敵國意識嚴重不足。此外，中國國民黨抑或民眾黨，不論對中共政權所產生的直接呼應或間接共鳴效果，也都讓本該是民主實踐的表現——「定期改選」，隨時有可能變成最終自毀與自爆的工具，並讓台灣可能陷入一種「成也民主，敗也民主」的弔詭狀態！

從上述可知，二〇〇〇年之際阿扁帶來第一次的政黨輪替，值此美國「後九一一」的反恐戰爭期，彼時阿扁嘗試進行各項台灣主體性的深化實踐，正好面對「國際逆風」的環境，並傳出美國小布希總統曾把阿扁稱之為「麻煩製造者」（trouble maker）。當前，縱使習近平獨裁者心意瘋狂難測，但國際政經環境處於相較順風的狀態；因此，過去八年理當是「順風駛船」，亦即在順風之下油門如何踩的學問。從阿扁到小英，國際政經環境的風勢也從逆風轉變為順風，但台灣本土民主政體的結構難題，似乎並沒有緩解，反倒更為嚴峻呢。

2019 年 4 月 14 日，在台灣制憲基金會與新世紀文教基金會共同舉辦的《台灣關係法》40 週年回顧研討會上進行報告。

爲何兩次政黨輪替並未給台灣帶來「民主鞏固」？

據美國政治學家杭廷頓（Samuel Huntington）的民主化理論，「民主鞏固」必須有「兩次政黨輪替」（two turnover test）。然而，這個民主化理論是有前提的，即是輪替的政黨，必須都是忠誠於台灣本土利益優先的本土政黨。

這也就是為何，當二〇〇八年馬英九上台實現「第二次政黨輪替」之後，台灣民主理當已進入所謂的「民主鞏固期」；然而，馬英九帶來的二次政黨輪替不僅沒有讓民主更加鞏固，反倒是「定期改選，定期亡國感」的焦慮感與民主倒退的不安感，卻益發濃重！**問題就在於，中國國民黨並非在地本土政黨。**

國民黨內建了大中國文化認同，隨著對岸中國的霸權崛起，到習近平高呼的偉大中華民族復興之「中國夢」，台灣內部內建中國文化身分認同的國民黨，卻輕易成為呼應且分享中國崛起榮光的政黨。

再者，馬英九執政八年期間讓中國滲透無孔不入，以及過去數十年中國作為「世界工廠」所書寫的經濟全球化，讓許多台灣人的經濟利益早已與對岸中國深掛勾，於是對台併吞敵意日益張揚的中國，就輕而易舉地借道中國國民黨此一寄生台灣內部民主選舉遊戲的政黨，得以遂行其併吞台灣的春秋大夢。

職此，台灣基進認為台灣並非民主政體，而是處於民主轉型的狀態，「民主鞏固」的目標尚未完成。唯有重新打造出「雙本土政黨競爭引擎格局」，進行台灣民主屋頂的雙邊支撐架構，才能完成「民主鞏固」的民主目標。直言之，堅定本土在野政黨的催生，是台灣民主轉型能否順利抵達民主幸福終點站的關鍵，也可一勞永逸地解決「定期改選，定期亡國感」的民主困擾與難題；同時，這即是台灣基進與民進黨對台灣民主轉型進程版本想像與視野框架的主要差異所在。

2022 年，參加台獨聯盟《本土二次完全執政兩周年》座談會。

我們內心真正執著的是「台灣」，而不是民進黨

民進黨捍衛台灣民主深化的版本論述，即是不斷地呼籲選民：讓「民進黨全面執政」；但台灣基進對台灣民主鞏固遲遲未能完成之解決路徑，則是呼籲選民：「延續民進黨總統的執政治理權，確認民進黨與基進黨偕同攜手國會過半」。不同的思維框架，會有不同的想像與思考，連帶著任務與行動方案，也就會有所不同。這是為何，基進人首先必須「破框」，破除民進黨對於台灣民主轉型論述想像的框架，及其框架下的思維所帶來的行動方案。然後，透由對台灣民主難題進行再分析與重認識，由此建構新的「認知框架」，並由此新框中得到屬於我們的解答。

民進黨有其自身的課題；而台灣基進或者著眼於台灣大局與未來願景的本土獨派與真台派，就必須跳脫民進黨本位的視野框架，改採更能全局俯瞰台灣難題的視野，進行不同格局框架思維下的行動方案。切記，千萬不要讓民進黨對台灣民主的論述框架，侷限了我們對台灣民主政治未來的想像與行動。此乃為何，真正站在台灣大局想像者與台灣公民，必定清楚地知道：我們內心所真正執著的是「台灣」，而不是民進黨！

在基進的看法中，對政治工作有興趣的年輕人，若要學習「治理」，可以選擇加入民進黨；但如果想要協助解決台灣民主轉型的結構性難題，共同推進台灣國家的完成，則請一起來加入基進組建的隊伍中！

看圖說故事

★基進的四項公投主張

	民進黨	民眾黨	時代力量	國民黨	台灣基進
重啟核四	✕	✕	✕	○	✕
禁止萊豬	✕	○	○	○	✕
公投綁大選	✕	✕	○	○	✕
三接遷離	✕	○	○	○	✕

製圖：台灣基進

本張圖是不同政黨之間，對於二〇二一年十二月十八日「四大公投」議題的政治態度。在此四大公投的政治表態圖中，只有分據兩端的民進黨與基進黨是「四個不同意」，餘下三個政黨，則各有同意與不同意。有趣的是，分據兩端的「四個不同意」，就宛如形象化地成為台灣「民主屋頂」的左右兩個支撐面一般。

事實上，就政治效果而言，在一二一八的公投中，如果台灣基進不考慮台灣大局與未來發展，為了博取政治利益，採取同意與不同意兼具的選項的話，那麼這場「公投」，應該無法實現「四個不同意」的目標。

直言之，如果基進黨不幸也跟全面執政的民進黨有著不同公投選擇，那麼民進黨在社會的印象中將會陷入：民進黨真的太過「拗蠻」與「壓霸(ah-pà)」，都已經全面執政，還不願意聆聽不同在野黨所代表的「不同民間聲音」。

此種印象一旦出現與形成，「四大公投」絕對無法完成「四個不同意」的目標。因此，本土小黨基進並沒有尾隨柯文哲民眾黨與時代力量這兩枚小黨相同的政治算計，以「四大公投」作為「政治對打」的手段，刻意操作「全面執政的民進黨，站在社會對立面」的印象，並藉由公民投票的失敗來羞辱與阻擾執政黨，謀取自家政黨的政治紅利。基進從一開始，所思所慮的只有如何讓「台灣大局」更好的盤算。不過必須指出，台灣基進的「四個不同意」的理由，並不是因台灣基進單純要幫執政的民進黨「保駕護航」，反而是來自於基進內部對四個議題的意見與看法而得。況且，基進喊出的口號並不是民進黨的「四個不同意，台灣更有力」，而是「**四個不同意，台灣進國際**」。

舉「萊豬」跟「三接」這兩項公投為例，基進認為台灣必須堅定地在「全球民主抗中聯盟」中堅定站隊，以及持續深化台灣國際供應鏈的分工角色位置，而有「不同意」的政治表態。畢竟，更改規劃後的天然氣三接站，既已兼顧生態、環保與能源安全，符合綠能轉型的方針。由於台灣經濟體的生命線，來自於全球製造供應鏈的位置；值此全球跨國公司開始要求供應鏈廠商，必須要以「綠能」作為未來承接國際訂單的前提之時，確保綠能的未來供應，是台灣經濟生命線的重要基石。

至於公投綁大選，基進採取不同意立場，主因即是連台灣定期選舉為表現的「民主」結構癥結都未解，現下任何公投選舉，都將容易變成政治操弄的工具手段。尤其，過去這些年，中共對於利用「選舉」來介入台灣社會手法已經相當嫻熟。中共最喜愛以台灣各種投票時機，進行各種認知作戰方式，擴大台灣內部分化與撕裂，進而讓台灣社會陷入極端對立的部落化狀態之中。在中國介入與干預未能清除之前，台灣的「公投」很難是人民作主的表現，反倒容易淪為中共以民主顛覆台灣、分化社會的最佳手段。試問，公投投完後，到底有多少選民知道四項公投的題目與各自意義呢？抑或只是政黨間的民粹比拚呢？請摸著良心，說真話吧！

總而言之，台灣基進對四項公投採取不同意之立場，主要是來自於基進對於台灣未來發展大局的設想與思考之下而得，並不是為了幫民進黨進行「保駕護航」。瞭解台灣基進的人便知：什麼大綠、小綠，根本不是問題；問題在於，綠的深淺濃度，是深綠還是淺綠。在基進的認知中，民進黨的最大問題即是不夠綠，並伴隨著選舉遊戲，變得越來越「微綠」呢。

此張四項公投的政黨態度圖中，左右兩邊的民進與基進，恰恰像是台灣「民主屋頂」的兩個支撐柱；也唯有倚靠兩個支柱，台灣民主的屋頂，才不至於崩塌。換言之，單靠一個民進黨，是無法有效且永固地撐起台灣民主屋頂的！

立基上述的分析，堅定本土的基進之組建、催生與壯大，某種程度也就意味著台灣「第二次寧靜革命」的道路實踐，讓基進存活下來。而基進存活下來的第一步，就是讓堅定本土、打死不退的政黨票為表現的鐵桿支持者，達到五％以上！上次基進政黨票已達三點多％，只消再挹注一點多％，即可透由基進存活的第一步，進而推動台灣「二次寧靜革命」的民主征程。

記得，二〇二〇年台灣基進挺進政黨票三％，以取得補助款而暫時存活之刻，有許多人在喊「不要浪費選票，台灣基進過不了三％」。如果當時那些「潑冷水」的聲音成真，基進就無法得到三％以上的政黨補助款所灌注的能量，也就不能馬不停蹄地在二〇二〇年農曆大年初二，隨即義無反顧地展開「罷韓連署」與接下來的「罷韓投票」。如果，歷史真讓台灣基進沒能存活而得以推動「罷韓」的話；那麼，當時潑向基進的那些大量「冷水」，也就會變成潑向台灣民主的「髒水」。

二〇二四年又來到國會選舉的時刻，此次必定還是會有許多人在喊「不要浪費票，台灣基進過不了五％」——請他們真誠面對一個現實：綠營席次的最大化，就是讓台灣基進跨過五％！此點在本書第五章中有更詳細的說明。

言歸正傳，既然台灣民主轉型「框架」的不同理解，有助於找到更為正確的解題方向；但面對當前政治上各種餵人的「現實」，又該如何有效切入呢？底下接連兩個章節，即是針對在各種逐漸僵固化與結構化的政治現實所導致的行動束縛，進行有效的鬆綁與拆卸。

基進黨

Taiwan Radical Wings

台灣基進

TAIWAN
STATEBUILDING
PARTY

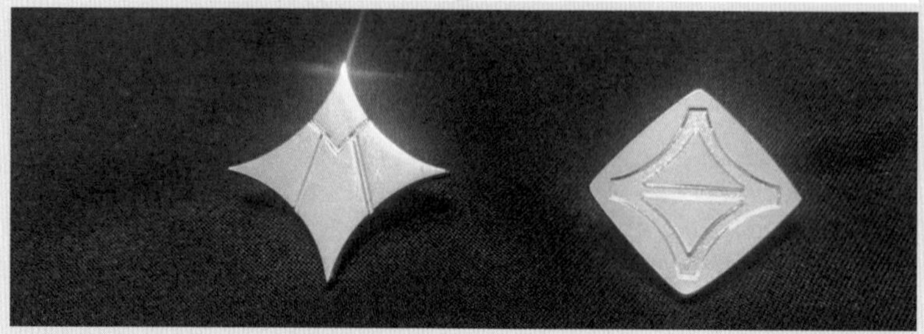

2018 年，基進站上力抗韓流第一線，當時候全台 12 位議員候選人全數落敗，面臨彈盡援絕的狀態。該年底的中央黨員會議，通過確認「基進黨」更名為「台灣基進」，黨徽、黨主色等識別系統也重新設計。黨徽並製成別在正式西裝或外套上的黨徽徽章。

原本黨徽概念取自「南十字星座」意象，下方三片構成基進「三大基本政治主張」，構成一組為台灣未來奔走的尖兵。「南十字星座」總體象徵著由南台灣開設組建起的基進尖兵與為台灣指明方向的意涵。同時，筆者也常挪用霹靂布袋戲中曾出現的「南方不競」的出場詩，並將詩句中的南北進行對調，成為「馳來南馬多驕氣，歌到北風盡死聲」，指涉南台灣吹起的集結號角，一路往北邊政權中心開拔而去，有朝一日實現由基進跟民進雙本土政黨競爭與輪替的格局，帶出台灣民主鞏固的落實確認。

2018 年底後，黨名前頭增加「台灣」二字，讓黨名發音更不易於「民進」混淆，同時「拼死護台灣」的意義。黨色則更動為台灣氣息濃烈的「台灣磚紅色」，象徵起造台灣國家的奠基磚頭的初衷。黨的英文名稱也最終確認為 ” TAIWAN Statebuilding Party” 。

CHAPTER

3

定食理論：「讓台灣更台灣」的政治拔河

記得，二〇一九年的「東京奧運正名」運動期間，有一個「Let Taiwan be Taiwan」（讓台灣成為台灣）的口號。事實上，基進隊伍的打造，就是想讓「競相親中」、不斷「僵固化」與「保守化」的政治現實，可以開始動起來。同時，藉由基進組建過程，讓政治光譜宛如成為一條拔河繩，把這條繩索往台灣的方向拉。從「Let Taiwan be Taiwan!」不斷地往「Let Taiwan be more Taiwan!」（讓台灣更台灣）的方向挺進。

關於「定食理論」的設想

讓我們從一種所謂「定食理論」的設想開始說起。基進的「定食理論」的原初設想，乃是借用自「消費者心理學」的實踐。若將其挪借至台灣政治光譜的分析時，某種程度跟台灣民主政治歷程的發展，若合符節。基進的「定食理論」與社會科學理論的操作雷同，是一種理想狀態的事先假定；但真實社會並非真空狀態，是由一個個具有思想跟情感的人所構成，人與人構成的社會運作與互動下的現實政治，當然不可能百分之百符合理論的預期測定。但若帶著理論的潛望鏡觀察，某種程度也可有助於我們對現實動態的預測、分析與判準。

基進的「定食理論」是假定，沒有特殊口味偏好與經濟考量的消費者，在「日式定食」餐廳中面對眼前「三〇〇、四〇〇、五〇〇」元的價位套餐選項時，會自動選取中間價位「四〇〇」元的消費者會比較多。此消費者的普遍心理現象，主要是因為，中間價位會讓消費者認為此套餐的C/P值（性價比），應是相對安全的選項。有趣的是，二〇二二年四月由木村拓哉所主演的日劇——《邁向未來的倒數十秒》（未来への10カウント），劇中主角因眼睛受傷而從拳擊退賽並改開「日式燒烤」店，就曾用「高、中、低」三種價位套餐，以引導消費者選取「中間價位」的套餐讓餐館營利。同年六月，由曾在台灣演藝圈發展，後來回到日本演戲的藤岡靛主演的日劇《HOTEL-NEXT DOOR》，也有類似「定食理論」的消費心理學。劇中主角藤岡靛，飾演資深高檔品牌飯店普拉頓的再造推手，當中有一幕是，藤岡靛替來客日益稀少的飯店自助餐廳，重新設立三種價位的套餐組合，目的即是為了引導主要消費群聚焦在中間價位，並以此策略讓自助餐廳由虧轉盈。

可見，「定食理論」是相當普遍與簡單的消費心理現象。同樣的，台灣民主轉型歷程中的政治互動，不僅可見類似的「定食理論」現象，其實基進更希冀可藉此心理現象，打破僵固化與保守化的政治結構，以及由台灣選舉政治所帶來的政治改革動能失卻的難題。

安全選民 vs．中間選民：「定食理論」的中間價位

的確，台灣是個容易健忘的社會。記得，在民進黨連番輸掉二〇〇八年與二〇一二年的大

選之際，「**中間選民**」此一定義模糊的群體，在名嘴與政論家眾口鑠金之下，便成為民進黨敗選的主因。當「中間選民」這詞彙被拿來大吹大擂的背後，是一種刻意把「中間選民」轉譯成「理性、客觀、中立」、沒有意識形態與黨派偏好，只以政黨表現好壞為選擇依據的選民群體。

然而，具備正常智商的人，真的相信他們是「理客中」選民嗎？當一個台灣人連一本中華民國教育幾乎不提的二二八與白色恐怖的相關書籍都沒閱讀過之時，便大聲說出「要往前看」、「不要談意識形態」的這類人會是「中間選民」嗎？如果他們只接受過「中華民國」教科書的教育，然後渾然不想也不願知道，在此套內建並承襲中國國民黨黨國威權的教科書之外，有著他們從不知道的血淚、殘酷與屠殺歷史，這類人是「中間選民」還是「被洗腦選民」呢？而受黨國教育而從不質疑者都會是泛藍選民。這樣的「中間選民」，在台灣可說是個負面形容詞。然而，不幸的是，為了擄獲這群「中間選民」的心意，民進黨就必須學會「和理非」（和平、理性、非暴力）的討好。

直至二〇一二年，台灣許多列得出名號的大資本家一字排開，站出來高喊支持「九二共識」，以作為「曲線挺馬」的策略；據說當年的「中間選民」，在一夕之間便琵琶別抱中國國民黨馬英九。選後，許多名嘴與政論家又言之鑿鑿地唬爛民進黨輸在「欠缺兩岸政策」，不僅沒能讓中間選民買單，更沒能讓中國滿意。於是，在這樣的發展下，台灣主要政黨似乎就得往更「親／傾中」的方向奔去，否則「民進黨要重新執政，將變成傳說」。

在此種政治氣候的催化之下，台灣整體社會氛圍與心態，自然而然地便往更保守與更向中國靠攏的方向緩步趨近。然而，若用消費心理的「定食理論」來解讀，民進黨並非輸在「中間選民」，而是輸在選民的「**安心**」，也就是所謂「**安心選民**」。記得，一九九〇年代李登輝總統帶領的國民黨，其選舉訴求中總會訴諸「穩定」與「安心」，可見台灣的「中間選民」並非「理性、中立、客觀」的經濟理性選民，不是經過各種理性計算而作出選擇，反而比較傾向於感性上的「安全選民」。他們並不真正了解，台灣從威權走向民主的轉型，是多少爭取民主先輩們犧牲家庭與生命血淚所換來的啊。

回望歷史，過往中國國民黨政權落跑台灣之後，「政權存續」（regime survival）的焦慮，幾乎深深地鑲嵌進彼時台灣的政治風景之中，讓台灣處於一直「安全感不足」的狀態。彼時，只要稍有風吹草動，許多條件允許的人，便會雙腳再度拔離台灣落跑而去！縱使中國國民黨一直唬爛要把台灣建設為「反攻（大陸）基地」，但是在一九七〇年代黨國政權受到聯合國將其從中國座椅上驅趕，以及美國跟對岸中國建交的接連兩次大衝擊後，許多國民黨高官及其家屬，便開始偷偷摸摸地申請美國綠卡了。

這是為何一九八〇年代，許多黨外人士揶揄蔣經國，必須要掃除中國國民黨內的「綠卡黨」。馬英九的綠卡疑雲，抑或馬英九家族清一色是美國公民，幾乎都是伏貼著一九七〇年代的社會背景，這其實也間接說明當年那種得隨時「落跑」的不安全感籠罩全台的時代風景。

閱讀小貼士

★橘逾淮為枳：平平是「中間選民」，長相體格差很大

西方「中間選民」（median voter）的意義，並非全然符合台灣的實情。誠如，種得出橘子的土地，不代表換了水土差異大的地方，也可順利栽種出我們要的橘子。

事實上，所謂「中間選民」，在西方社會的脈絡分別有政經兩層意義。首先，政治上的意涵，則是指將政治選擇等同於市場化的「偏好」（preference）選擇，選政黨如同上菜市場買菜的行為，此乃出自安東尼．唐斯（Anthony Downs）於一九五七年出版的專書《民主的經濟理論》（*An Economic Theory of Democracy*）中的討論。

政治學上的「中間選民」，某種程度也是特殊的美國政治現象，意指美國的社會不像歐洲國家有著明顯的社會階層分歧；因此，大多數的選民在光譜上的分布，往往會集中在「常態分配」，也就是接近中央與中間的位置。基於這樣的認知，儘管民主黨、以及共和黨有不同的意識形態，卻往往會刻意降低彼此在立場上的差異、甚至兩者有相當部分的重疊，以尋求擄獲最大化的選票。不過，由於傳統上以經濟階級作為「左、右」的區別基礎，在「文化轉向」（cultural turn）之後，更側重「文化意識形態」的立場差異，以進行「左右」政治立場的區分。若由經濟階級進行「左、右」分野，那麼在現實政治實踐上，則可以「**財富分配／重分配**」的政策工具進行攻防。

然而，一旦政黨側重以「**文化意識形態**」作為「左、右」區分的座標軸，那麼如何將「文化意識形態」轉變落實為政策工具，就成為相當困擾之事。於是，美國的左右對立問題，似乎有日益嚴重而難以調和的狀況。是故，在此類種種趨勢下，對美國傳統意義上的「中間選民」樣態，是否有產生影響，是值得進一步分析研究的。

簡單並直白地說，傳統上的左、右區分，主要是看政黨先照顧有錢人，還是先照顧勞工；前者是右派，後者為左派。同時，「財富重分配」可以透由具體的政策工具來實現，例如累進或累退稅率。但由於經濟矛盾緩解之後，文化上的矛盾與對立日益嚴重，左派與右派的區分也就變成一種文化上矛盾的立場差異。可問題就出在，由於許多文化上表現出的社會矛盾，是非常難用「制度性工具」的設計來加以解決的；於是，慢慢地就會形成一種以「政治正確」的爭奪鬥爭來面對。

例如，雖然現在美國已經沒有黑白種族區隔了，但黑白矛盾問題似乎還在。此種以文化為表現的社會矛盾，有辦法透由「制度」解決嗎？當黑人搬進一個高級社區，白人就逐漸搬離，這可能是白人的內心歧視表現，但可以禁止白人搬家的權利嗎？又如，若提供給美國少數族裔的黑人與拉丁裔更多大學錄取機會，就會擠壓了亞裔的錄取機會。黑人與拉丁是少數，但人數更少的亞裔為何不是呢？現在的「左右區分」，已經越來越困擾跟複雜。

再者，中間選民所代表的經濟意涵，某部分也是源於中產階級與民主化的理論概念。根據西方中產階級的政治理論設論，隨著經濟發展，會誕生出一群所謂「**中產階級**」(middle class)。這群中產階級，對未來是憧憬的，但因他們可說是經濟發展的得利者，因此其政治改革的想望，也就比較傾向溫與漸進的手段。

其實，用常識便得以想見，中國國民黨軍管戒嚴與威權統治數十年，台灣大多數人民對於「政治」，基本上是刻意疏離與陌生的。此外，威權年代下的黨國洗腦教育，對台灣政治、台灣歷史、本土文化……等等，若沒有經過刻意的自我再教育與補習，基本上對我們腳底下的「台灣土地」的各種認識，更是相當淺薄與不足。再加上，過往黨國控制的媒體與媒體人，在民主轉型之後並沒有歷經轉型正義的除垢與再造，直接變身為民主化年代下的商業媒體與媒體人。

如果，主流媒體扮演著人民脫離學校後的主要「社會教育」功能，那麼一九九〇年代民主化後百花齊放的各種媒體，其所傳播放送的觀點想法，依舊充滿著濃重的黨國文化意識形態。此乃為何，台灣媒體界總可見許多前黨國喉舌與威權媒體人，竟在民主化後變身為商業媒體的媒體人，並以言論與新聞自由為名，長年大力「貶台揚中」。

緊接著，網路社群媒體的年代，導致各種資訊大爆炸，難以辨別真假的情形下，讓一般民眾更仰賴感覺與印象，以作為政治好惡的判準指南。至於，成長於世紀末與千禧年後的年輕世代，把「民主」跟「自由」當成是呼吸般自然，對「內外兩個中國」可能會把台灣的民主與自由給竊奪的危機感，幾乎認知不足，反正柯文哲直白有趣就好。最後，大多數人民在柴米油鹽的日常中奔波，對於政治的認識，如果不是冷漠無感，就只能隨媒體聲量所呈現的感覺跟印象，進行相較「安全」的選擇囉。不論如何，西方真正的「中間選民」，比較像是腦袋清醒的「現代公民」；台灣的「中間選民」，則比較類似中國國民黨威權統治結束後，但依舊對受到身心靈中的「黨國威權遺毒」擺佈而不自知的「選民」。無論如何，西方真正的「中間選民」，比較像是腦袋清醒的「現代公民」；台灣的「中間選民」，則比較類似中國國民黨威權統治結束後，依舊深受身心靈中的「黨國威權遺毒」擺佈而不自知的「選民」。

在此引述一位早年基進側翼年代的幹部邱偉欣分享的故事。偉欣是德國科隆大學生物學博士，目前是台語小說家；他的論文是關於猴子飼養的一項實驗。他花了六年飼養猴子，六年期間皆給予按表操課式的實驗訓練。實驗完成之後，偉欣跟猴子表示，實驗已經結束，論文也順利完成了，猴子從此獲得自由生活，再也毋須按表操課了。然而，偉欣卻突然發現，重獲自由的猴子，一時之間竟不知如何自處，猴子在按表操課的制約解除後就突然出現了焦躁的暴力行為。偉欣感慨的結語：「原來自由是需要學習的啊！」

同樣的道理，台灣在戒嚴解除後，台灣社會與人民，就會自動成長為內建民主與自由性格的「當代公民」嗎？顯然不是，人們心中內建的小警總和威權崇拜還是持續了相當長的時間，甚至遺留至今。猴子實驗的啟示，很適合作為台灣「中間選民」的對照。

台灣脈絡下的定食理論

此外，如果重溯一九九〇年代台灣的民主改革歷程，台灣脈絡下的政治「定食理論」以及「中間（安全）選民」，也可得到某種程度的應證。一九九〇年代，李登輝總統利用在野本土民進黨的激越衝撞力道，一方面回過頭壓制中國國民黨內的深藍權貴，以及新黨深藍意識形態群體；另一方面，藉此力道鞏固李登輝總統的穩健本土與漸進民主的改革。用「定食理論」來理解，深藍反動大中國派（中國國民黨內深藍權貴＋新黨）、本土化進行式的李登輝國民黨、街頭激越衝撞的本土在野民進黨，宛如形成了「三〇〇、四〇〇、五〇〇」元的定食套餐組。訴諸安心與穩定的李登輝總統，就宛如「四〇〇元」的中間價位定食套餐，能普獲大多數安心與安全的消費者青睞。

曾擔任退輔會主委的深藍黨國權貴許歷農，在其二〇二二年的自傳《許歷農傳：從戰爭到和平》一書中，可發現許先生對李登輝可說是痛恨有加，尤其是對李前總統的「台獨傾向」。許歷農列舉的主要理由之一，便是認為李前總統在很多方面都一直暗助民進黨。許對此難以忍受，曾忍不住對李前總統說：「不反對兩個以上政黨公平競爭，問題在於民進黨根本不承認中華民國，要把中華民國改為台灣國，如此以消滅國家為目標的政黨，相信任何民主國家都無法接受，也是非常危險的。」而李前總統則回說：「民進黨像小嬰兒，我們要給他一點奶，讓他長大」。許歷農則續問：「難道讓他長大後來消滅中華民國？」對此，李前總統則不再回答。

如果許歷農沒有杜撰，從此段回憶中的記述，以及由後來的政治發展的路徑往回推斷，李登輝的確清楚地知道，一個有力的民進黨將是其推動改革的有效助力。用現在流行的話來說，民進黨宛如當年李登輝總統的「側翼」，暗助民進黨成長並援引其激越衝撞的力道，不僅可作為抵銷來自大中國深藍反動權貴的扯後腿力道，更讓台灣本土化與民主化的進程，得以緩步推進。

或許，李前總統一開始是基於「權謀算計」，想藉助更有力量的民進黨，以作為剷除國民黨黨內深藍扯後腿的工具。因此，許歷農痛恨的「給民進黨一點奶，讓民進黨長大」，最後也的確讓李登輝如願以償地弱化黨內深藍權貴，並取得穩固的權力基礎。然而，事後觀之，李登輝並沒有將此穩固的權力基礎，進行永久化保持，並以此權力追逐私利發大財；反倒在一九九〇年代，在李登輝所帶領的本土化中的國民黨，以及本土在野的民進黨，協同共構出「雙本土引擎」，陸續讓台灣完成一九九二年國會全面改選、一九九四年直轄市暨省直選、一九九六年總統直選，以及許許多多的本土化與去中國化的政改工程。

這也就是為何，當李登輝卸任後，基於其戰略手腕與政治眼界判準，其「歷史定位」就有著不同的面向展現。主流媒體給予他「民主先生」的尊稱，許多本土獨派封以「台灣之父」的桂冠，李登輝則自許為「台灣摩西」。

在基進看來，李前總統當時最重大的「戰略」（抑或權謀），即是利用「施比受更有福」、

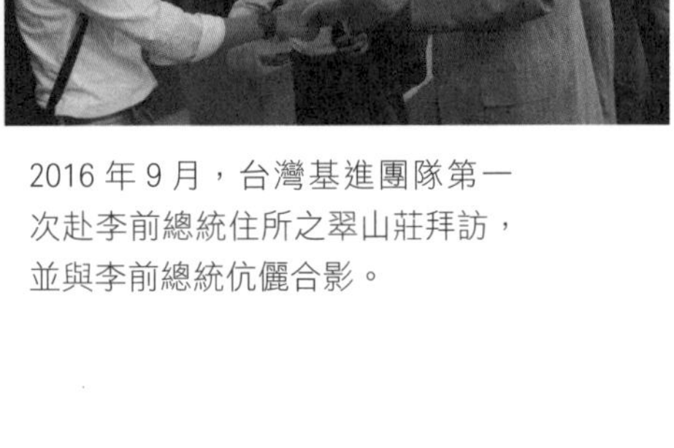

2016 年 9 月，台灣基進團隊第一次赴李前總統住所之翠山莊拜訪，並與李前總統伉儷合影。

「有捨才有得」的信念，一邊推動國民黨的本土化，另一邊則利用本土化的中國國民黨與本土在野民進黨的雙本土政黨格局，向黨國權貴、黨國威權遺留、大中華文化優位遺毒……等等歷史殘餘，進行交叉出擊與攻堅，並帶領台灣人民開始寫就屬於台灣土地上的本土化與民主化新篇章。如此理解，方能知曉為何李登輝會把自身處境比喻為「台灣摩西」。

哲人日已遠，典型在夙昔！政治家，其心中必定駐紮著長遠意欲實現的目標；政客，心中掛念的只是下一次選舉的獲勝。十九世紀美國知名的神學家兼作家詹姆斯・弗里曼・克拉克（James Freeman Clarke）曾寫下流傳後世的警言：「**政客是為了下一次的選舉，政治家卻是為了下一代。**」（A politician thinks of the next election; a statesman, of the next generation）。果若如此，政治家從事的政治格局，跟政客玩的政治遊戲，就會有很大的差別啊！

如果，政治人物看的不單單只是一場選舉的輸贏，而是看每一場選舉過後，離人民心中那份想望的目標是否更接近一些，那麼，台灣的政治或許就不會令人如此氣餒而想要逃避吧。

「定食理論」俯瞰速寫下的「總統大選」格局變化

回到台灣民主發展歷程，底下將用一種俯瞰全局的視野，速寫過去幾場總統選舉的格局發展。

閱讀小貼士

★ 昔日李登輝情結，今日民進黨情結

許多本土獨派或者所謂「台派」公民，或許是因「亡國感」焦慮太深，導致心靈處於易脆狀態，容易輕信「基進過不了，浪費選票」的各路刻意帶節奏、帶風向的網軍謠言，而將政黨票集中給民進黨。

事實上，基進面臨的此種困境，其實也跟早年民進黨所面臨的「李登輝情結」的處境類似。一九九七年八月，《遠見雜誌》曾訪問過民進黨前主席林義雄，如何看待當時很流行的「李登輝情結」。林義雄前輩如此說：「所謂『李登輝情結』，指的似乎是台灣人對這位總統有著異常的偏愛和期待，不管他的作為對錯，都給予寬容甚至美化。就反對黨的政治人物與支持者來說，是指對統治陣營的最高領導人李登輝先生，存有特殊的偏愛和好感，認同其言行，甚至給予其個人政治支持。這種現象明顯違反民主國家中『人民作主』的理念，無從維持主人（人民）對公僕（政府官員，包括總統）的正常關係，也不符政黨政治的常態。」[1] 林義雄前輩的這段話，對基進人而言，是非常具有「既視感」的。

1 劉鳳珍，〈林義雄看李登輝情結〉，《遠見雜誌》，一九九七年八月號。連結：https://www.gvm.com.tw/article/4814。

在中國侵略的叫囂恫嚇下，台派、本土獨派、深具亡國感焦慮的人，儘管其所謂「民進黨情結」沒有比當年的「李登輝情結」濃烈，但當下的情況是比當年的「李登輝情結」更為複雜。當時民進黨的發展，受到一定程度的「李登輝情結」的困擾，林義雄前輩尚且會用「公民主體性」向選民呼籲，遑論當前的台灣，亟需本土在野監督的政治力量，否則台灣無法從當前定期選舉就定期發作的亡國焦慮中超克。

事實上，台灣選制遊戲規則的空間壓縮，已令本土小黨更難存活，但困難不代表得棄守不做；因為不做，永遠都無法帶來台灣民主鞏固的可能，必須永遠處於定期選舉所帶來的焦躁身心折磨。何況，在「喜新厭舊」慣習普存的台灣，民進黨絕不可能長久的「全面執政」下去。為了解決台灣選制的難題，民進黨主攻區域；基進黨主攻不分區，分進合擊，即可完成本土雙政黨引擎的共構。

台灣的區域與不分區立委，分別代表著「一線反應選民實際需求」的「務實本土」，以及「反應台灣未來需求」的「理念本土」；在「務實本土」給予民進黨最大支持（但若是假本土抑或爛蘋果，切勿逼迫人民吞食）；但在「理念本土」面請給予基進黨最大支持。如此，「本土國會席次最大化」不僅可以實現，也可以一舉提升國會的「本土濃度」。

本土國會席次最大化不是指單靠民進黨，而是民進與基進本土聯盟的席次；國會的「本土濃度」則是指，深綠多、泛綠少，則濃度便會提升。

台灣基進如果是〇％支持度，給予五％政黨票才能抵換兩席，的確有點難度；但問題是，基進政黨支持度其實都是三％多起跳，只消稍微挹注添加，即可過五％，贏取兩個席次。我們認為這才是真正讓本土國會席次最大化與本土濃度增加的聰明投票法（關於這部分，第五章的「Q&A」解題，有更詳細的論述說明）。

不論如何，民主最重要的工具即是選票；既然如此，讓台灣變好的主要工具，也得依靠選票。那麼作為把台灣當成「此生無所去，最終且唯一家園」的每一位公民，用聰明智慧的每一次投票，讓台灣更台灣，是我們做得到，且必須要做的事。

一九九六年總統大選

在一九九六年的總統直選中，李登輝右手邊有圍繞在「林洋港＆郝柏村」組合的深藍大中國反動派，左手邊則有以激越行動來衝撞體制的本土在野民進黨所推出的「彭明敏＆謝長廷」。李登輝宛如站穩「定食理論」中的「中間價位」選項位置。至於，「陳履安＆王清峰」組合，比較像是自詡為清新脫俗的一旁玩沙派；因此，宛如平行宇宙般的存在，就像沒有列入菜單餐牌中一樣。不意外的，強調穩定、安全與安心的李登輝，最終在台灣歷史上首次總統直選中勝出。

二〇〇〇年總統大選

直至二〇〇〇年的總統大選，李登輝期待交棒給連戰。儘管，相較省長出身、口才便給的宋楚瑜，戰鬥力與魅力指數都不堪聞問的連戰選得相當辛苦，再加上深藍對李登輝的多年仇恨所導致的復仇動力，全數投射在宋楚瑜身上，在在讓連戰選得更加吃力。此外，政黨選舉中的選民心理，跟心理學上的「鐘擺效應」（Pendulum Effect）也有相呼應之處。例如，某陣營在一次選舉中大勝後，大敗的陣營往往相較容易在下一次選舉中收復失地，就如同鐘擺向左擺後，便會向右擺，循環不息。因此，定食理論中的「三〇〇、四〇〇、五〇〇」的定食套餐組所對應的「宋楚瑜」、「連戰」、「陳水扁」，站在中間價位的連戰，本該有中間位置的安全選擇心理的普遍青睞，但由於相較宋楚瑜與陳水扁，連戰實在太過平庸無聊，也就讓該次選舉充滿各種變數。

二〇〇〇年投票前幾個月，發生一九九九年的九二一大地震，選舉幾乎停擺。當時，陳水扁與宋楚瑜難以進行選舉活動跟作秀來博取新聞版面，只能看李登輝帶著連戰救災新聞而乾瞪眼。詎料，救災過程中的各種紊亂與失序，最終竟然證成連戰果然「連站都站不起來」。隨著選舉活動重新啟動與活絡之時，連戰的社會印象已如難以輔佐的阿斗，就連其原本站穩中間價位的結構優勢，也無法拉動其頹勢。許多國民黨人士，便紛紛把看衰連戰後的寄望，投射在宋楚瑜身上。

就在宋楚瑜支持度扶搖直上之刻，宋楚瑜爆出「興票案」，原本持續攀高的聲勢受到重挫。接著，選舉進入肉搏戰階段，就在選舉前兩天，彼時如日中天的政治明星馬英九召開記者會，公布連戰民調已趕超宋楚瑜；到了二〇〇〇年三月一七日台北選前之夜，馬英九又再度公開說連戰的民調已趕超宋楚瑜十多個百分點。馬英九此次公布民調行為，後來被許多人視為是操作「假民調」以「棄宋保連」。最終選舉結果分別是「宋楚瑜四六六萬」、「連戰二九二萬」、「陳水扁四九七萬」，史上最混亂、激烈與渾沌的選戰，終於落幕。陳水扁與呂秀蓮的搭配勝出之時，也連帶實現了台灣首次政黨輪替。

二〇〇四年總統大選

二〇〇四年的總統大選，基本上是「連宋合體」對戰「扁呂組合」的格局。最終扁呂組合連任成功。藍營指控詭計多端的阿扁，利用選前一天自導自演「三一九槍擊案」以博取同情票，上演彎道超車而險勝。但綠營則認為，阿扁連任成功主要得力於四年執政的行政資源優勢，還有阿扁發動的「防衛性公投」，讓選戰得以有統獨對決廝殺的味道。再加上，當年從基隆和平島到恆春鵝鑾鼻的「二二八牽手護台灣」的持續性感動，激起支持者的熱情跟投票相挺。最後，扁呂配開出六四六萬，只比連宋六四三萬票多出二五五六三票獲勝。

然而，彼次選舉中，廢票高達高達三十三萬張，占總投票數的二．五%，幾乎是上次選舉的三倍之譜。由於選舉票數過於接近，再加上「三一九槍擊案」以及過高的廢票，導致「連宋選輸起痚响」，隨即提起「選舉無效之訴」，並進佔凱達格蘭大道，難以釋懷的氣憤藍教徒，更在全台各地上演瘋狗滿街灑潑滋事的鬧劇。

除了藍綠兩陣營的各自認知外，其實前馬英九北市府小內閣的勞工局局長鄭村棋所發動的「百萬廢票運動」，或許才是二〇〇四年的輸贏主因。儘管，馬英九愛將金溥聰撇清跟「廢票運動」的關係，但由於二〇〇四大選前，鄭村棋跟馬英九的軍師金溥聰在「年代電視台」一檔《向左看，向右看》的節目中，一搭一唱的主持，不僅放大「廢票運動」的傳播與觸及聲量，更讓人容易透由馬英九前兩名愛將的「廢票運動」，與彼時如日中天的政治明星馬英九進行政治連結的遐想。二〇〇四大選之後，馬英九再度拔擢金溥聰為台北市副市長的消息傳出後，時任台北市議會的國民黨籍議長吳碧珠，隨即對馬愛將回任表示：「我覺得就要多予考慮，這次選舉來講，他推動廢票聯盟，給藍軍扯上很大的後腿。」[1]

畢竟，若二〇〇四年由連宋組合勝出，那麼當時候在國民黨排名老三的政治明星馬英九，最悲催的狀況可能得在歷經二〇〇四—二〇一二連戰八年，以及二〇一二—二〇二〇宋楚瑜接棒八年的任期屆滿後，馬英九才有出戰總統的機會。果若如此，苦守寒窯到二〇二〇年的馬英九，屆時已年老色衰，聲勢還能如二〇〇四年一般，所到之處莫不瘋狂尖叫聲相迎嗎？因此，此場跟馬英九愛將金溥聰有著私下策動的連結想像，以及前北市府小內閣鄭村棋所發動的「百萬廢票運動」所囊括的三十三萬廢票，理當是長期被忽視，但卻發揮間接暗助阿扁連任的重要

1 TVBS 新聞網，〈吳碧珠說重話 批金溥聰扯藍軍後腿〉，新聞連結：https://news.tvbs.com.tw/life/485033。

功臣之一哩。

二〇〇八年總統大選

中共唯恐二〇〇四年阿扁連任之後，將加速讓台灣走出台灣自己的道路，倉促地推出《反分裂國家法》。二連敗的連戰則於二〇〇五年率團，聲勢浩大地以「連爺爺您回來了」的姿態，進京覲見時任中國天子的胡錦濤，並透由「連胡公報」把「中國因素」引進台灣內部。宛如取得中共認證的政經獨家代理權的連戰勢力，進而讓台灣政治格局重組成「連戰（紅色獨家代理）、馬英九國民黨、民進黨」的格局。

再加上，阿扁第二任期之內，原本屬於民進黨品牌形象的「清廉」，在紅衫軍高舉「禮義廉恥」之大纛揮舞下，讓民進黨原本的「清廉」形象受到嚴重斲傷，便讓有「補丁癖好」的馬英九所謂的「節儉清廉」形象更為突出。馬英九的「補丁癖好」傳奇，除了其腳下縫縫補補的運動鞋之外，最令人景仰的是連泳褲都是補丁泳褲呢！台灣補丁第一人馬英九的清廉節儉程度，足以媲美先前中箭落馬的中共紅二代政治明星薄熙來。因為，薄熙來宣稱其內褲，可是薄母在一九六〇年代所購買，一穿就是半世紀唷。

就這樣，馬英九順利在「跟『內建歪哥』的傳統國民黨不同」、「民進黨其實也會貪汙」的印象中，得到媒體與大眾肯定。再加上，馬英九在新的政治光譜格局中「位於中間」；於是，

「馬英九＆蕭萬長」的搭配，就破天荒地狂掃近七六六萬票，大贏民進黨「謝長廷＆蘇貞昌」組合達二二〇萬票。當然，除了台灣當時候一堆腦殘媒體不斷地美化造神之外，值此中國利用加入世貿組織後的經濟大躍進階段，再加上中國正準備二〇〇八年夏天的「北京奧運」國際環境中，相較當時候國際經濟深陷二〇〇七年的美國次級房貸所引發的一系列金融危機中，馬英九把台灣經濟懸寄於一支獨秀的中國市場，似乎也就顯得「務實理性」。

此外，二〇〇八年馬英九「拚經濟」、「六三三」（經濟成長六%、國民所得平均三萬美元、失業率三%）的隨口唬爛，更騙取不少「少談政治多談經濟」的所謂務實中間選民的青睞。再加上，中國國民黨政權長年洗腦台灣人民，將過往「經濟奇蹟」功勞攬在其身上，讓馬英九順利跟「國民黨比較會拚經濟」的錯誤認知連結，在在讓馬英九成為「中間」、「理性」、「務實」與「多經濟少政治」的形象化身。

最後，此次民進黨史上的大潰敗，造成民進黨元氣大傷，並由非傳統民進黨的蔡英文執掌主席，展開民進黨前後八年的「臥薪嘗膽」大反攻。

二〇一二年總統大選

二〇〇八年的馬英九「拚經濟」口號的背後，其實就是透由剷除台灣與中國之間的「人流」、「物流」、「金流」的流動障礙，打造所謂「兩岸市場一體化」，進而把台灣鑲嵌進中

2017 年，筆者陪同香港《本土民主前線》發言人黃台仰（右三）拜訪史明歐吉桑。

華經濟圈的拼圖之中。由於在兩岸間穿梭的台商、台幹與台流，在台灣人民日常中並不罕見，在在讓台灣人民把馬英九可能會把台灣置入中國「以商逼政」的牢籠危險，全數拋之腦後。隨著，馬英九開始劍及履及地推動「兩岸市場一體化」政策工程，逐漸引起本土派的反彈；但由於馬英九處於政治價位的「中間」格局，基本上未能有所撼動，終究讓馬英九在二〇一二年以六八九萬票，相差八〇萬票的差距，順利輾壓民進黨蔡英文的六〇九萬票，取得連任。

二〇一二年蔡英文敗選之後，許多名嘴跟政論家便將矛頭指向民進黨「欠缺兩岸政策」，而同年一〇月四日，民進黨大佬謝長廷便率團前往中國，展開為期五日的「開展之旅」。同時，謝長廷也表示，民進黨要正視中國大陸的崛起，若『國共聯手對付民進黨變成常態，要

2017年5月，邀請人黃台仰來台，並上《新一政經塾》節目。後來黃台仰流亡德國，是香港第二位政治流亡青年。

再重新執政將變成只是傳說。』」

對於名嘴政論家的唬爛，「誰認真，誰倒楣」。如果，民進黨開始認真考慮制定並提出「讓中共可接受的『兩岸政策』，以避免中共太愛國民黨而選擇『國共聯手』，導致民進黨再度執政希望的破滅」，如此將讓中國國民黨與民進黨陷入誰的「兩岸政策」比較誘人、比較能討中國芳心的較勁與競爭之中。如果歷史真的這樣書寫，那麼台灣將會像是義大利文藝復興時代的偉大詩人但丁，在其史詩《神曲》中的地獄大門上銘刻的最後一句話：「凡是走到這裡的人們，所有的希望都將棄絕！」

以「定食理論」作爲「破局」工具

從職業學生出身到黨國菁英的馬英九，其在二〇〇八年的勝選某種程度象徵著「威權復辟」。而二〇一〇年的「五都選舉」則是二〇〇八年馬英九上任後「威權傳統，全新感受」後的第一場選舉。那場選舉，許多唬爛名嘴跟政論家將民進黨敗選歸因於不知所謂的「中間選民」。至於，二〇一二年的總統大選，唬爛名嘴與政論家則將民進黨敗選定性為輸在「欠缺兩岸政策」。

如果全盤接受當時候名嘴與政論家的分析，那麼台灣未來的政黨政治長相與選舉包裝，都只能以小清新、裝可愛的媚俗姿態，以討好所謂「中間選民」；同時，更得盡量迴避高度政治爭議性的敏感議題，以免讓「中間選民」覺得「你看，政治好髒髒」的不悅心情。但令人質疑的是，台灣跟中國之間的糾葛、台灣民主轉型的結構性難題、台灣的轉型正義、不當黨產回收、中國國民黨賣台、甚至**中國白蟻**（中共代理人）滲透、中華民國壽衣憲法套在台灣身上、台灣國民身份認同錯亂、台灣外交突破、台灣國防與民防備戰、課綱改革……此些困擾台灣的迫切議題，哪一項不是高度政治化與高度爭議性的呢？難道從今以後，都不需要碰觸這些議題了嗎？難道民進黨真得跟中國國民黨比較誰的「兩岸政策」更能討中國歡心，甚至讓台灣政治陷入「舔中比賽」（race to China）的悲劇循環了嗎？

設若，「定食理論」中的「三〇〇、四〇〇、五〇〇」元三組套餐，得利的將是處於「中間價位」的套餐組。那麼，如果在「三〇〇、四〇〇、五〇〇」元的價位光譜上，擠進去一組新的「六〇〇」元套餐組，形成「三〇〇、四〇〇、五〇〇、六〇〇」的系列價位，則「五〇〇」元的套餐組，是不是就可以不必用「降價求售」的競爭方式，便可和「四〇〇」元價位同時成為「中間價位」的安全選項呢？

閱讀小貼士

★「中國白蟻」是啥物（siánn-mih）？

台灣的選舉與政治，某種程度上真的日趨保守與「假掰」。打從二〇一四年下半年伊始，筆者是全台第一個提出必須要小心中共使用「中國白蟻」形式，進行對台全面滲透者，因而必須要致力清除「中國白蟻」，尤其在馬英九任內的「門打開，沒顧厝」狀態下。正當此倡議提出之際，許多裝扮成進步小清新者，開始用「南部光頭黨」（新納粹主義）、「法西斯」、「種族主義」等大帽子不斷向筆者頭上扣來。

事實上，「中國白蟻」此名詞，並非筆者提出或發明。「中國白蟻」此專有名詞，主要來自於兩則香港人在台灣《自由時報》的投書。在二〇一四年八月十四日與八月十六日兩天的港人投書中，分別提醒台灣人民必須要小心中共利用「白蟻政策」對台灣進行滲透破壞，並以香港數十年在「中國白蟻」政策滲透之下，早已被中共全面掌控為例。

由於一九八四年英國跟中國簽屬一份《中英聯合聲明》，確認香港將於一九九七年七月一日進行主權移交；為此，在二〇一四年此一《中英聯合聲明》三十周年時刻，香港的有線電視製作了一支紀錄片，從二〇一四年八月十一日到八月十五日連續五天播放《前途解密三十後》的紀錄片。當中，八月十一號所播出的紀錄片中第六分四十八秒開始，鏡頭來到一位受中共指派到香港從事地下滲透工作的受訪者身上。背對鏡頭的地下特工，明白地指出「白蟻政策」就是由時任中共總理周恩來所提出。那兩則來自港人的投書，即是看完紀錄片之後，投書警告台灣人民，切忌輕忽「中國白蟻」政策的滲透。

由於中共一直宣稱要讓「帝國主義」夾著尾巴逃跑，那麼大英帝國殖民下的香港，只要中共解放軍越過深圳河，即可輕易解放。可是，當時周恩來認為，中國正值美國經濟禁運制裁，若讓香港處於英國治下將有三大好處：一、香港可以成為中共走私軍火奧援東南亞華人共產黨，以作為革命輸出的前哨基地；二、身為自由港的香港，是經濟禁運之下的中共取得外匯的主要渠道；三、香港的自由港角色，是在冷戰圍堵之下，中共可以輕易接觸收集外國情報的中心。

儘管，港英治下的香港暫時不回收，但對中共而言，可不能就此失去對香港的實質控制能力。因此，周恩來便提出對港十六字箴言：「蔭蔽精幹、長期埋伏；積蓄力量，以待時機」。在一九六七年，中共文革的紅衛兵風潮也感染到香港，香港「親中左仔」便藉由塑膠花工廠的勞工抗議，把態勢轉為「六七暴動」。就在六七暴動的情勢蔓延全港而全面動盪之際，周恩來下了一個「長期打算，充分利用」指示條子，阻止了香港「親中左仔」藉由「六七暴動」擴大事端，來呼應中共文化大革命與紅衛兵騷亂。

周恩來提出「白蟻政策」的滲透方式，以對香港進行監控，據說來自於一九六一年四月份，周恩來前去雲南西雙版納植物研究所參訪時，突然得到的靈感。植物研究所給周恩來表演一齣雙手推倒大樹的神奇表演。一棵外觀看起來枝葉茂密的大樹，在輕推之下便嘎然而倒。追問之下，方才知曉白蟻早已在樹木內部增殖拓生。因「白蟻」有一特性，即木頭蛀蝕之後，並不會穿透木頭表皮而出，所以縱使外觀看來依舊是蔥鬱茂密的大樹，實際上內裡卻早被白蟻給蛀蝕殆盡了！因此，周恩來便領略到「白蟻政策」的莫大功效，並開始以「中國白蟻」在香港社會各領域寄生與滲透，以牢牢掌握香港。中國白蟻政策，便是周恩來對港十六字箴言最佳的實踐表現。

同樣的，中共也是以類似「中國白蟻」政策的方式，對台進行全面滲透與寄生。當前，台灣社會已開始注意到中共滲透的問題，對於紅色滲透的稱呼，目前多以「中共代理人」、「在地協力者」，抑或「第五縱隊」為指稱。事實上，在二〇一六年一月的國會競選期間，筆者不斷呼籲清除中國白蟻的聲音或許引起中共的注意，竟然在某次跑行程之際，突然發現手機顯示的通訊公司竟被駭成「中國聯通」。對此離奇事件，至今依然無解。不論如何，年筆者在二〇一四年下半年伊始，即不斷大聲疾呼要小心「中國白蟻」滲透，當時候大多數台灣政客與進步公民，幾乎漠然以對，甚至嗤之以鼻；如今回望，社會已認知到「中國滲透是多寡而不是有沒有的問題」，再回顧當時那些曾把「基進批判中國」視為很low、不進步、逢中必反的政黨、政客與所謂中立公民，筆者暗嘆：如果歷史有面孔，那它勢必長著一副嘲諷的臉龐啊！

看圖說故事

★民進黨是「向中靠攏」抑或「降價求售」？

圖／寶島聯播網 YouTube 頻道

二〇二三年五月上旬，民進黨前主席卓榮泰接受不同媒體專訪時，多次提到賴清德的「務實台獨」論述，應將重點擺在「務實」兩字。身為賴清德競選團隊的卓榮泰表示：「務實的台獨」就是中華民國台灣是一個主權獨立的國家，「務實」兩字不應被省略，真正的「務實」就是要維護生活方式、社會制度、選舉機會，必須強化主權保衛，若沒有主權，這些都沒有。他強調，「務實的台獨」是如何保護主權獨立的國家，不要再講「台獨」二字，重點在「務實」。

卓先生的言談，就是要凸顯強調賴清德的「務實」，某種程度也意味著賴陣營為了贏取安心與安全選民的信賴，必須刻意降低賴清德原本的「台獨」色彩，而以「務實」來營造出賴清德是「中道理性」

的選項。因此，卓前主席的專訪，恰恰也間接說明「定食理論」的意義與重要性。

由於，目前台灣的政治光譜上，欠缺具備充分主體性且擁有一定影響力的堅定本土獨派政黨——也就是一種宛如「六〇〇元」價位套餐的存在——導致民進黨必須不斷地「降價求售」，才能獲得所謂這群名為「中間」，實為「安心／安全」選民的青睞。

但問題是，李登輝當年可以強調其乃「穩定」、「安心」與「安全」的選項，不只是口頭強調而已，更是因當時候有一支在本土與台獨光譜上走得更為前面的民進黨——一個具有實力與影響力的民進黨存在，才讓李登輝的「穩定牌」得以奏效。而今，如果現在的民進黨換位為當年李登輝所執掌的國民黨，那麼當時候的民進黨角色，現今根本是「從缺」的。賴清德團隊將自身價格給「降價求售」，企圖贏取更多安心選民的愛用光顧，能否成功，值得深思。

讓基進黨存活成長，足以扛起當年本土在野民進黨的位置職能，其實就是對民進黨的最大體貼——讓他們毋須以不斷「降價」方式來搏取安心選民的光顧，並讓自身不斷陷入「『前言』洗臉『後語』」的尷尬處境之中。一個有影響力的台灣基進存在，就是對民進黨最好的體貼與幫助；更是對台灣大局最有力的挹注。

此種想法，萌生於中間選項所帶來的「安全」感覺，且價位的感覺是否安全、「性價比」是否划算，是從價位選項的相互比較所得出的；那麼，「六〇〇」定食套餐組的供應，至少會讓「五〇〇」價位的政黨，毋須再整天想著降格以爭取更多消費者青睞，並進而阻止「降價求售」所帶來之「削價競爭」的悲劇。

暴民的帽子我們戴：替「暴力小英」摘帽

二〇〇八年秋天，馬英九以「門打開」展迎來台視察的北京欽差大人陳雲林，進而引發「野草莓」運動。時任民進黨主席的蔡英文，率領民進黨公職親自參加在立法院群賢樓前的靜坐守夜。由於，彼時馬英九的台灣與中國經濟接軌的政策，帶來各種反親中的抗議，蔡英文的現身參與，隨即被從未經過「轉型正義」處理、並內建大中國意識形態的台灣主流報紙與電視統媒，以「暴力小英」作為指摘。

馬英九跟北京欽差大人陳雲林七次會面的成果，最終結晶成二〇一〇年的「A擱花」（ECFA／「兩岸經濟框架協議」）。當時候，居心不良的主流媒體，總是把「暴力小英」的帽子，如影隨形地扣在率領民進黨走上街頭「反ECFA」的蔡英文頭上。在此背景下，媒體一邊丟出「暴力小英」的血滴子，另一邊名嘴則不斷把「假中立，真反動保守，內建藍丁」包裝成「中立、理性、客觀」與「和平、理性、非暴力」（和理非）的「中間選民」論述。當然，媒體與名嘴利用此二種認知操作，以便形成政治共振，進而把台灣未來的政治行動可能，進行收束、規訓與保守化，宛如稍微「激越」一點的街頭抗議行動，都將成為不理性的「暴民」一般。就這樣，縱使馬英九的「親中」政策過於冒進，並把台灣主權置於危險境地，也將不會再面對民進黨的激越手段抵制。於是乎，若有一支比民進黨更為「基進」的「六〇〇」元定食套餐組的出現，那麼，馬英九政權與主流媒體所意欲僵固化的政治保守格局與氛圍，即可被擾動、進而有破局之可能。

大公網
Takungpao.com.hk

基進黨陳奕齊「港獨」推手

時間：2016-11-12 03:15:05　來源：大公網

下一篇：大坑西邨居民提重建 最少85%租住用

圖：基進黨主席陳奕齊（左）上月接待到台的黃台仰，安排兩周「台獨」之旅/網上圖片

操縱「台獨」、「港獨」合流再起波瀾的基進黨，是黨齡只有四年的新興政黨，但《大公報》調查發現，基進黨主席陳奕齊早於17年前就以研究員身份留港兩年，散播「港獨」種子，高呼「香港獨立」，可謂是「港獨之父」。離港回台的陳奕齊一

由於筆者曾在香港工作與生活之故，對香港政治情勢多所關注。早在香港《反送中》運動之前，筆者就被香港的中共喉舌《大公報》與《文匯報》多次點名批判。早在2016年，《大公報》便曾以「港獨之父」的桂冠美名，授予筆者。圖為筆者與黃台仰、袁紅冰的合影，《大公報》未告知借用。

2014 年 3 月 19 日太陽花運動，陳奕齊於青島東路與中山南路口的立院轉角，站在塑膠椅上街頭宣講一景。

直言之，一方面若由青年人為主幹的「基進」青年為主角集結，走上街頭大聲疾呼，用此種方式主動戴上媒體拿來抹黑的「激進」之大帽，讓「暴力小英（民進黨）」的扣帽行動失效；另一方面，此舉可讓已然去政治化的青年世代，再度從街頭進行「政治再補課」的效果。如此，民進黨的激烈形象，將在對比之下顯得溫和與理性，並進而成為安全與安心的選項。直言之，這就是「暴民的帽子，基進戴」。民進黨小英的暴力帽子，就可以順利卸除摘下。

回望歷史，民進黨開始從馬英九旋風中爬起的第一場選舉，即是二〇一四年的那場「九合一」大選。民進黨在那場選舉的大勝，其實就是得力於二〇一四年春天的太陽花運動。

在太陽花運動中，青年人與學生直接衝佔立法院，以訴求停止形同賣台的對中服貿和貨貿，瞬間激起了社會冷漠大眾的認同與感動。許多民眾和民進黨立委都到現場幫忙青年送物資、送餐與輪流守夜護持，相當暖心。於是，太陽花運動的青年，就成為「定食理論」中的「六〇〇」價位存在，讓民進黨在相對之下便成為「安心價位」。太陽花運動，其實間接應證了，

與2014年加入基進的優秀成員李雨蓁（2018、2022參選高雄市鳳山區議員）在選戰中掃街。

「六〇〇」價位的存在，真的有助於民進黨根本不用「降價求售」，便能站穩中間路線。

「側翼」效果：台灣本土政治光譜的定錨與拓邊

這些年，「側翼」此一詞彙，逐漸成為台灣流行的政治術語。筆者算是最早把「側翼」此名詞，挪用到政治場域的書寫與分析者。即便不是最早，也算是最主要的了；畢竟，今天的「台灣基進」的前身，即是「**基進側翼**」政團。

「基進側翼」並非團體一開始的名稱，而是一種為解決台灣政治日趨保守與親中困境的「政治戰略」（political strategy），一種先在政治光譜中產生定錨效果，然後往前不斷叩邊與拓邊的政治行動。如此，「側翼」就可以讓僵固的政治結構，開始動態化，產生一種「政治拔河」的效果，並在政治拔河中把台灣往更為台灣的方向拉去。

可惜的是，目前此一詞彙常常被誤會或誤用，甚至當成「政黨網軍」看待。事實上，當年「側翼」此名稱是來自於筆者在歐洲觀賞足球比賽之時，足球隊中有一角色叫做「翼鋒」（Winger），其實就是類似「左前鋒」或者「右前鋒」一樣，位於球場兩側前端的邊路前鋒。翼鋒的主要職責，即是帶球逼近禁區附近，接著為「中鋒」（主力）製造進球的機會。當然，翼鋒也可自行盤帶、內切與射門。「側翼」此名稱，首先是從足球賽中得到啟發。

因此，很多人以為「側翼」是被動員的網軍、沒有主體能動性的存在，本就是天大誤解。因為，此種「翼鋒」（側翼），擁有主動積極，形塑和引領戰鬥的方陣格局。強大的「翼鋒」，其實是有「議程設定」（agenda-setting）的能力，並以「議程設定」來主導戰局的走向。

二〇一八年年底之後，政治亂入的莫名「韓流」，不僅讓基進在高雄五名戰韓選將全倒，全台十二名候選人也全數落選，幾乎面臨解體。但在那夜宣告敗選的記者會上，彼時身為台灣基進主席的筆者，隨即下令展開「護台防中運動」，一支隊伍走上街頭大聲疾呼「中國已有能力透由台灣選舉，駕馭台灣未來之虞」；另一支由基進幹部與基進美國黨員組成的隊伍，則馬不停蹄地將美國《代理人法》[2] 與澳洲《二〇一八外國勢力透明化法案》（Foreign Influence Transparency Scheme Bill 2018）進行翻譯，並委由時任基進中常委、現任黑熊學院共同創辦人

2 編按：美國《FARA》（Foreign Agents Registration Act，外國代理人登記法）在一九三八年立法，要求以「政治或准政治身份」與國外政界勢力有關的個人與機構須向美國司法部登記，公開與外國方面包含活動及款項關係，此法延續至今，例如許多俄羅斯、中國媒體都被要求註冊為外國代理人。

的何澄輝主持，草擬台灣版本的《外國代理人登記法》（或稱《境外勢力影響透明法》）送進立法院，以杜絕和廓清中國的新型態滲透。**不幸的是，這部法案至截稿前依舊躺在立法院，乏人問津。**

據說，這部法案不獲青睞的主因是，其可能「會挑釁到中共」，也有指其「傷害言論自由」云云——在我看來，這些理由都不成理由。首先，中共何時被挑釁到，是根據它的「心情與需求」所決定，遠非挑釁是否存在。挑釁與否，這是中共的課題；如果，把挑釁中共真當一回事，這表示中共的恐嚇，對台灣的確產生嚇阻作用。那麼，以後中共只要不斷恐嚇，就可以「不戰而屈人之兵」了，不是嗎？其次，說此法傷害言論自由更是無稽之談。《代理人法》的精神，乃出自於老牌民主國家——美國的法律，我等此種民主幼幼班，自以為比老牌民主國家更懂得言論自由的真諦嗎？

我們認為，《代理人法》會被無限期擱置的真正主因，也許是執政的民進黨唯恐受到中國台商的反彈吧。中國台商擔憂誤觸此法而來的反彈，難道不是表明他們某種程度上，真的多少扮演了中共的「代理人」角色嗎？否則，老實經商的中國台商，何來「誤觸」之虞呢？

搞懂這些之後，就知道國會因欠缺誓死抗中的基進的存在，只要議題稍有爭議，就算是該法案是有利於台灣清除中國滲透，那麼全面執政的民進黨，依舊會投鼠忌器，深怕太具爭議性惹得中間選民不開心而作罷。

中共習近平打不打，不是我們能決定的；但我們能決定的即是，把自身準備好，將內部的中共滲透徹底清理乾淨，縱使習近平突然失心瘋下令攻打，都可以不用害怕內部扯後腿力量，而能全心應戰啊。

反送中與太陽花就是六百價位的定錨

時序跨入二〇一九年春天，香港《反送中運動》發生，原本台灣基進直面「韓流」來襲背後的「亡國感」，率先推動「護台防中」運動，就在香港「一國兩制」的悲劇展演下，最終催化出台灣社會全面且濃厚的「亡國感」與「護台防中」的社會共鳴。於是，二〇二〇年初的總統大選，蔡英文就從十三個月前「韓流」衝擊下的支持度低谷中，一舉反轉並創下台灣總統選舉史上最高得票數——八一七萬票的高峰。換句話說，如果二〇一四年的「太陽花運動」，宛如把民進黨變成安全的中間選項的「側翼」又或者是「六〇〇」價位的政治力道；那麼，二〇一九年轟轟烈烈的「香港反送中」，也就意外地填充並扮演了跨海而來的「側翼」又或者是「六〇〇」價位的政治效果。

但是，震盪全台社會的激越「公民運動」可遇不可求，香港反送中抗議也只能示範一次，如果台灣社會不儘早催生出一支有自主性且有影響力的本土在野政治隊伍，以作為常態性的

★「北風與太陽」的另類詮釋

伊索寓言中的「北風與太陽」，我等相當熟悉。故事是說，北風與太陽為了競比誰的力量較為強大，就訂下了一場比賽，看誰能讓路上旅人脫下斗篷外衣者就算獲勝。

北風冷颼颼地吹，旅人身披的斗篷外衣，卻越抓越牢。等到太陽上場，熱力四射，旅人即因體感太過熾熱，最終脫下斗篷外衣。於是，我們就把此寓言故事，解讀成單一正解：扮演溫暖小太陽，總比狂嘯的北風更好。然而，如果北風跟太陽的競技內容，是「旅人穿衣比賽」，那麼故事的結局，還會是一樣的嗎？

前者以「溫暖小太陽」為主的解讀，非常符合台灣對所謂「過激」與「衝撞」相當感冒的保守氛圍與心態。於是，以選舉為表現的民主，就陷入越選越保守的循環中；就這樣，裝可愛與小清新的媚俗，也就慢慢地成為主宰台灣選舉表現的主流模式。

如果台灣是一個承平社會，沒有外敵，沒有內奸協力者，沒有黨國遺留，那麼小清新與裝可愛的選舉，倒是沒有什麼問題。但不幸的是，台灣不只內奸協力者太多，黨國不正義遺緒遲遲未能滌清，再加上對岸中國與日俱增的敵意跟習近平對台併吞野望，此種狀態之下，台灣社會需要的是「溫暖小太陽」的暖男萌女姿態來感化中共，抑或是「冷冽北風」以阻敵境外呢？

如果，「北風與太陽」會因為競賽內容的差異而有不同結果，台灣面對不同處境，不就更應該有不同的應對姿態。如果，本土的民進黨為了執政，裝扮成宛如「溫暖小太陽」那種令人安全與安心的暖男萌女姿態；那麼，堅定在野的本土政黨，就必須扮演「冷冽北風」的呼嘯，起身大聲疾呼啦！

「六〇〇」價位之政治存在，那麼對於只想當台灣人的朋友而言，接下來的定期改選，就如同定期發作的躁鬱症困擾一般。這不由得讓人想起卡爾・馬克思（Karl Marx）曾言：「歷史總是在重複自己，第一次是悲劇，再一次就變成了鬧劇」（History repeats itself, the first as tragedy, then as farce）！

言歸正傳，既然「側翼」是主動引領，且具備充分自主性與能動性；那麼，「側翼」原初概念的挪用，著眼的即是整個戰局，放在台灣就是「台灣大局」。因此，筆者當年把「側翼」這個詞彙挪用到台灣政治場域的初衷，**指的是「台灣的側翼」，而非某個「政黨的側翼」**。至於，現實上台灣堅定本土小黨，在客觀上會有成為「民進黨側翼」的效果，主因乃在於台灣最大、且有執政可能的親本土政黨，就只剩民進黨罷了。

站在台灣大局的立場來看，會支持民進黨，不是因為我們是天生的民進黨鐵粉，而是現階段必須利用民進黨來「佔據」執政位置，避免親中政黨聯盟的染指；然後，利用民進黨執政的時間，進行各種台灣民主結構的補強。換句話說，「側翼」的另一層意義，即是透由本土跟台灣的「側翼」功能存活下來，進而對「主流」與「大塊頭」（有執政可能）的民進黨取得執政，產生助攻效果。然後「側翼」規模的堅定本土小黨，方才能透由基層民代的養成歷練，慢慢來培訓出一群青年素人的政治工作者，以時間換取具備執政能力的團隊之養成空間。

因此，打造出「六〇〇」定食套餐組，就是要產生以上的「側翼」效果。首先，讓台灣原本往中國方向拉去的政治光譜，在「六〇〇」定食套餐組出現後，讓台灣政治的主基調，不再是討論如何「讓中國能接受」抑或「讓中國放心與歡心」，並停止此種「錯誤意識」的問題框架。舉例而言，「國王新衣」的故事若是一種賽局，則臣民們已經陷入一種自欺欺人的瘋狂拍馬屁比拚之中；迨至，那位天真小孩大聲喊出國王沒穿新衣，至此，自欺欺人的瘋狂拍馬屁戲局就嘎然而止。

職是之故，「側翼」的殺出，就像大聲喊出國王沒有穿新衣一般，台灣政治問題的核心，不該是「如何讓中國接受」此一問題意識；而應該是台灣為何要「讓中國接受與歡心」？中國又不是台灣的老爸，為什麼要讓他接受與開心呢？如此，「六〇〇」定食套餐組，就可以產生「政治定錨」效果。進一步，捫心自問並思考我們想望的台灣未來應該是一個什麼樣的台灣；然後，以此未來想望跟願景，作為方向指南，如實地理解現實政治的困境與殘酷，並想方設法地在「現實的此岸」到「想望的彼岸」之間，劃出一條可欲與可行的路徑圖。

此時，中國因素與干擾，就只會成為一種我們要抵達那個「想望的彼岸」的過程中，我等必

台灣基進的歷史任務，就是努力推動台灣，朝向想望的民主方向前進。

須要克服的一個阻礙罷了。身為台灣青年與台灣平凡家庭的子弟，選擇投身與介入台灣政治的主要任務，就是要不斷跨越此條抵達想望彼岸路線圖中的各種阻礙與挑戰，類似於手遊電玩的不斷打怪破關之意。上述分析說明，「側翼」是等同於網路上帶風向、帶節奏，以進行各項認知作戰與抹黑的網軍概念與髒字嗎？絕對不是！誠如筆者一開始所言，「基進」的「側翼」概念，即是一種「**讓台灣往更為台灣**」（Let Taiwan be more Taiwan）的方向不斷拉去的「政治戰略」啊！踽踽前行者，正面朝著台灣想望的方向挺進，其背後則毫無防備地向後者開放，從來只有「被背刺」，那來「背刺人」呢？

英國文化批判大家雷蒙．威廉姆斯（Raymond Williams）曾言：「**真正的基進乃是讓希望成為可能，而非讓絕望成為可信**」（To be truly radical is to make hope possible rather than despair convincing）。讓抵達彼岸的想望得以抵達實現，是台灣青年能做、也必須要完成的歷史任務！這就是真正屬於台灣的「基進」。

閱讀小貼士

★無三小路用之《反滲透法》？

在二〇一九年香港《反送中運動》的悲壯背景下，讓彼時正值總統大選年的台灣，幾乎壟罩在「亡國感」的氛圍之中。當時，台灣基進在全台進行「護台防中」運動倡議，並聚攏專家學者按照美國《外國代理人法》（The Foreign Agents Registration Act）的精神，制訂一份台灣版本的《代理人法》草案，以為清除中國滲透、防範境外敵對勢力的法律工具，並送進立法院。或許是為了回應台灣社會的「亡國感」，當時候的民進黨政府擱置《代理人法》，同時倉促地提出《反滲透法》，並十萬火急地在二〇一九年年底通過，二〇二〇年一月十五日開始實施。

《反滲透法》上路之後，幾乎無任何表現，爾後更被譏評此法為「反不了滲透法」。如果台灣是中共的核心利益，連美國在這幾年都不知已逮捕多少中共間諜之時，在理當是中共滲透熱區的台灣，《反滲透法》卻幾乎只能看不能用，據此判刑的中共間諜或紅色代理人數目，依舊「掛零」。對此，行政院在二〇二一年七月的報告中提出四項可能原因：

一、「反滲透法」施行後，已產生一定嚇阻作用，讓代理人或在地協力間諜轉而觀望；二、「反滲透法」施行後不久，即遭遇嚴重特殊傳染性肺炎疫情，造成兩岸人員往來大幅縮減、接觸與互動的機會也因此限縮；三、「反滲透法」聚焦於民主政治核心領域的行為，政治獻金、助選、遊說、集會遊行、選舉罷免等，故違法案件會受到時間因素影響，例如選舉期間之違法案件數量可能較多；四、「反滲透法」施行後，司法機關偵辦人員對於相關規範的掌握與瞭解，以及對於疑似案件的佈建、蒐證與偵辦，都需要時間進行。

對於行政院提具的理由，連自家民進黨籍立委郭國文都不買單，並指出只有第三項理由成立，並指出：「《反滲透法》主要規範的是選舉相關行為，多為選舉期間適用，問題是，境外敵對勢力的滲透不分選舉或平時，若能將違法態樣擴大適用於平時，就不會連一件涉嫌違法的案件都沒有。」[1] 直言之，當時候的《反滲透法》根本就是政府倉促之間拿來回應人民亡國焦慮所用，而不在意其是否真的管用。畢竟，中共的滲透手法，日新月異，利用寄生民主社會的邏輯進行滲透顛覆；因此，面對中共新型態的日常滲透，不只需要新的法律工具，更必須知道「滲透」是平常的點滴累積，遠非選舉期間才會開始動起來的工作啊。

中共打不打台灣的決定權在於習近平，但我等可以決定的是，當「台灣有事」時刻來臨時，那些可能與中共隔海唱和的島內「紅色代理人」、「在地協力者」與「中國白

1 《自由時報》，〈反滲透法沒辦一個人 立委促擴大適用範圍〉二〇二一，七月五日。新聞連結：https://news.ltn.co.tw/news/politics/paper/1458784。

蟻」，早已被法律給徹底滌清殆盡。必須要知道，習近平最期待的即是，當他們武力進犯之刻，台島內部立刻有「中國白蟻」為之呼應，高喊著「要和平，反戰爭」，然後逼迫台灣政府跟中共進行政治談判。如此一來，國際將難以介入插手；屆時，台灣就將成為中共俎上肉了啊。

此外，友邦插手協防台灣的代價，是以他們國家士兵之生命為質押抵換，台灣作為中共進犯的當事人，若不將自身可以處理的內賊給滌清，這無異於是把友邦拖下水。當強盜進犯，別人要對我伸出援手，我等不能還在扭捏作態欲拒還迎的；因為愈擺爛，友邦年輕士兵就得犧牲愈多！此種「別人的囝仔死袂了」的態度，不是搭便車的自私心態，是什麼呢？

2023 年 3 月，日本東京都江東區議員二瓶文隆（右四）來台拜訪基進，筆者偕基進高雄黨部執行長楊佩樺、台北黨部主委吳欣岱、高雄市議員張博洋、台南市議員李宗霖，陪同其一行人至高雄市保安堂的安倍晉三銅像獻花致敬。

本土執政即將滿八年，而對於我們應該要做且必須要做的中國滲透清除之工作，我們真的努力清除了嗎？佛教《中阿含經》中曾言：王城不為外敵破，唯除內自壞啊！

看圖說故事

★民眾黨刻意營造的「中間價位」感？

中國國民黨決定侯友宜勝出的民調參考

4/18至5/14各家民調綜合比較

三人參戰 放言、TVBS、聯合報、ETtoday、震傳媒、匯流民調、蓋洛普、年代民調、關鍵調查、美麗島電子報、台灣指標、台灣民意基金會、中華亞太菁英交流會

侯25.16	柯21.93	賴32.41
郭22.78	柯20.81	賴32.58

國民黨五月份內參民調綜合比較

三人參戰

侯25.16	柯21.93	賴32.41
郭22.78	柯20.81	賴32.58

五月下旬，中國國民黨召開記者會，公布侯友宜最終勝出的民調依據。

事實上，柯文哲的民眾黨乃一新興政黨，欠缺長期經營而來的地方組織，再加上民眾黨幾乎是柯文哲一人黨，其黨內幹才或人才缺乏，有如集結在柯文哲麾下的雜牌軍。然而，此一組織鬆散、人才稀缺的政黨，竟然可在各項民調統計之中，皆擁有二〇%以上的高支持度；此種情形無異間接證明，只要該政黨具備一定存在感，並把此存在營造成「中間」的形象與印象，自然就會吸引很多號稱「中間選民」，抑或不投「三〇〇藍」與「五〇〇綠」者，便會自動往感覺是中間位置的「四〇〇」安全選項靠攏。

柯文哲是相當聰明與狡猾的政治人物，常常用一種「練肖話」或「白目話」來迴避問題，以營造出其「中間」的形象。例如，二〇一九年一月，柯文哲接受《台視》專訪之時談到美中台三邊關係，在批評蔡政府的親美立場之時，以「就像一個強盜去搶銀行，法官問強盜說，難道沒看到旁邊有一堆警察，但強盜說我只看到錢，『這理論是對的，可是你忘記還有一個中國』」。於是，不意外的，柯文哲便提出「美中『大國等距』」作為標榜。柯文哲經常拋出不經思考的膝蓋反射式言論，一方面顯示其「直白（白目）」有別於其它政客，另一方面則企圖彰顯其沒有被藍、綠既有意識形態的包袱綁架。後來，柯文哲在二〇二三年四月跑一趟受到冷待的美國行，或許是感受到國際民主抗中同盟的集結勢頭已無可阻擋，柯索性拋棄「大國等距」，改口稱：「堅持台灣自主的前提下，原則我們要站在美國方，但不需要跟中國惡言相向，希望透過跟中方交流，降低發生雙方交戰危機的可能性。」

由此可見，如果國民黨親中，民進黨親美，那麼柯文哲的「美中等距」或「不中不美」，即是某種刻意營造的「中間價位」感。所幸，柯文哲民眾黨目前地方基礎薄弱，人才庫空虛，否則依其「中間」形象的設定，恐會對綠營的選情，造成可怕的威脅呢。若此次柯文哲利用總統候選人的身分作為母雞，帶來民眾黨立委席次的可觀斬獲，那麼二〇二六年的縣市長與縣市議會，即有可能是民眾黨大躍進的年代，並讓柯文哲從此次的陪榜參選人，在二〇二八年質變成具備攻克總統大位的熱門人選啊。

事實上，在深藍國民黨眼中，雖未明講但心照不宣的是，侯友宜的出身「省籍不正確」——能否得到國民黨深藍群體的認可以及果凍粉的買單，會是侯友宜的罩門考驗。若侯友宜出線後的支持度一直萎靡不振，則柯文哲將有操作「棄侯保柯」的氛圍效應之空間，屆時將對賴清德產生嚴重挑戰。劇本若按此方向演繹，那麼柯文哲極有可能從原本的陪榜參選人變成黑馬侯選人哩。當然，侯友宜的母雞聲勢，跟國民黨立委選情之間，相互連動與彼此掛勾；中國國民黨立委為了自身選情，必須得力挺侯友宜，以免聲勢疲軟的侯母雞，帶衰國民黨立委自身的選情。因此，侯友宜支持度是否會持續疲軟，值得進一步觀察。

不過，若「侯消柯長」的聲勢漲跌持續化，柯文哲是可以使出「以民眾黨區域立委的提名與否，作為逼迫（交換）該區國民黨立委的暗助支持」之大招，完成一種「白母雞總統，藍小雞立委」的「另類藍白合」格局。果不其然，二〇二三年六月間，國民黨政客們，發現自家侯友宜支持度萎靡不振，便一改昔日「柯黑」的姿態，溫情地喊話：國民黨小雞們很希望得到「柯主席」的支持——筆者的觀察立刻得到印證。

事實上，對柯文哲而言，其中心思想就是勝選取得權力，毋須受制於價值與理念堅持之束縛；一如鄉民的反諷：「如果知恥近乎勇；那麼，無恥近乎神勇」。若是如此，十九世紀德意志帝國的「鐵血宰相」俾斯麥所言：「政治是一門可能的藝術」（Politics is the art of the possible）　，就可能讓吾人在此次總統選舉中親眼見證哩。無論如何，柯文哲若真的上演一齣「曲線代位母雞」的戲碼，屆時，民進黨賴清德將陷入極端的苦戰。不論如何，地方基礎與人才團隊雙缺的柯文哲，只因巧妙地將自身置於政治光譜中的中間價位，便可以有如此聲勢，足見「定食理論」之中間價位的可觀盤勢與能量。

然而，自稱柯P的柯文哲，若站在中共對台的統戰角度而言，其所扮演的政治效果，恰恰跟中國國民黨組構成「統戰」的兩手效果——中國國民黨想把台灣人拉到中國身旁，成為習大帝的小弟；如若不可得的時候，就算無法讓台灣成為中國的「細漢仔」，至少也不要選擇站隊美國！其統戰的操作，就是讓台灣成為中方陣營，如果不能成為自己人，那至少不要加入敵方陣營。此乃為何，台灣基進打從柯文哲二〇一四年面世之後，便不會支持過此枚政客。

在南台灣，許多人給柯取一個「檳榔柯」的外號——「外表綠，內裡白，咬下去後變紅」。因此，柯文哲的外號就成為「Betel-nut 柯」，簡稱「柯B」，音同台語的「可悲」一樣。

此外號也象徵著台灣政治的一種悲

繪圖：許瑀真

劇：明明是投機檳榔政客，卻被錯認是「白色」的進步新政治。如同，在佛教故事中，魔佛波旬跟釋迦摩尼佛說，只要在末法時代，讓魔子魔孫，披上袈裟，現比丘相，便得滅佛法！畢竟，世人會誤以為，穿上袈裟者，所傳即是佛法福音呢！

看圖說故事

★各政黨的台灣本土性

此圖是根據過往兩年，各家民調機構的調查，進行彙整製作。這六項調查題目，反應出不同政黨支持者的「抗中堅定性」與「台灣本土性」的濃度比例；當然，不同題目的比例，也意味著不同政黨傳達給社會大眾的迥異政治態度。

從上圖的上半部可見，如果「台灣基進」在台灣不同政治光譜的政黨行列中缺席，很容易會對台灣人民反侵略的「抗中意志」與追求「自主獨立意志」，感到淡淡的哀愁。同時，上半部的圖也讓人輕易感受到，台灣政治拔河繩似乎是向中國方向傾斜的。但若在政治光譜中補上「台灣基進」，整體感受則完全不同。除了憂愁情緒會陡降之外，更會覺得「讓台灣更台灣」政治拔河的態勢，並沒有一邊倒地向中國方向偏去。某種程度而言，此圖即是非常形象地描繪出「定食理論」中的「政治拔河」意象呢。看到兩者

單位：百分比

身分認同是台灣人	91.3	85.9	65.3	43.6
中國若侵略願爲台灣而戰	91.9	91.3	67.5	54
支持強化全民國防	96.4	90.4	83.6	71.6
支持制定符合現況新憲法	91.9	89.7	69.6	53.2
同意中國國民黨親中嗎？	86.7	96.7	71.6	49.4
對中國「很反感」度	82.9	84.8	52.3	17.9

單位：百分比

身分認同是台灣人	100	91.3	85.9	65.3	43.6
中國若侵略願爲台灣而戰	95.6	91.9	91.3	67.5	54
支持強化全民國防	100	96.4	90.4	83.6	71.6
支持制定符合現況新憲法	100	91.9	89.7	69.6	53.2
同意中國國民黨親中嗎？	100	86.7	96.7	71.6	49.4
對中國「很反感」度	100	82.9	84.8	52.3	17.9

對比後，試問，如果不幸的「台灣有事」之刻來臨，美日英澳歐等友邦，若想給予台灣協助，是此圖的上半部，抑或下半部，會讓民主抗中盟邦更有信心力挺台灣呢？

看圖說故事

★各政黨的政治位置

繪圖：許瑀真

此張圖言簡意賅地說明，台灣目前檯面上的政黨，在政治光譜中所佔據的位置為何。此圖同時也說明，檯面上的政黨，就如同政治拔河賽的不同陣營選手，台灣基進是台灣隊的選手，更是一股「讓台灣往更台灣」方向拉去的重要力量。

柯文哲的民眾黨(TMD)，雖然常常號稱「第三勢力」，並提出在美中之間「大國等距」，似乎要表明其非中國國民黨親中隊伍這邊。但究其實，若根據中共統戰邏輯手法來看，從中國國民黨在台灣內部的宣傳論述，即可知其角色功能，主要是幫忙詐騙台灣人，讓他們不把中國當成敵國，甚至覺得「完成中國統一」（被中共統治）其實也不壞的效果。

至於，柯文哲的民眾黨，則常常用一些似是而非的邏輯以混淆視聽，其所發揮的政治效果，即是想引導台灣人民，如果不選擇向中共靠攏，那至少也不要向美國那邊站隊。這即是柯文哲的「美中大國等距」所意欲達致的政治效果。

如此，中共對台統戰的兩個效果，也就分別由中國國民黨與柯文哲民眾黨給各自完成：如果不能成為麾下「細漢仔」（小弟）或朋友，那至少不要成為對手的朋友。因此，柯文哲常常看似失言或胡言亂語，但仔細品味，即會發現那是刻意且經過算計的高明政治語言呢。

至於其他新興小黨如時代力量，其作為常常令人摸不著頭緒。但只要觀察網路政治氣象局的風向報告，隱約就會發現似乎有一種斷線風箏之感，「風往哪邊吹，就往哪邊飛」，其黨內似也欠缺一致共識，甚至有人為了選票，與柯同行，令人遺憾。

太陽花運動三周年的回顧反省記者會。圖中兩位前輩分別是台獨聯盟、前駐日代表許世楷前輩，以及台獨聯盟陳南天主席。

2018 年 4 月 29 日，受《日本龍馬 Project》邀請至東京演講。圖中神谷宗幣會長，受到陳奕齊組建基進黨的歷程鼓舞，仿效基進街頭宣講的形式與精神，神谷桑後來組織「參政黨」，參與日本國會議員選舉，並成功當選日本參議員。

CHAPTER

4

堅定本土在野的價位：「六〇〇」套餐的內容

如果「六〇〇」元的定食套餐，是要作定錨、拓邊之用，以拉寬台灣的政治光譜，那麼如何確認「六〇〇」基進套餐組與「五〇〇」民進套餐組有什麼不同呢？又如何確認基進套餐組配得上「六〇〇」這個更高價位呢？

「六〇〇」套餐組：台灣政治問題的「定性」

事實上，瞭解中共政治的都應該非常清楚「政治定性」的意思；顧名思義，即知中共在處理事情之時，習慣性地把「問題」進行其「政治性質」的確認，即為「政治定性」。

以科學角度來看，「定性」可以有助於我等掌握事情的本質；但由於中共的「政治鬥爭」慣習，常會把「人」進行「政治定性」，並據此成為政治鬥爭、清算或者運動發起的理由根據，導致「政治定性」具有濃厚負面意涵。例如，中國文化大革命期間，毛澤東為鬥爭劉少奇，將其政治定性為「叛徒」、「內奸」、「工賊」，並宣佈「永遠開除出黨」。此一政治定性確立之後，劉少奇的命運即可想見。

原本就社會問題的科學分析方式而言，「定性」可以說是一種相較科學化的思考探討，首先確認主要「社會矛盾」所在。在理解矛盾問題的本質過程中，連帶找到解決此問題的切入點。舉例來說，中國共產黨號稱其帶領的「新民主主義革命」，面對著「三座大山」的難題，也是三大必須攻克的目標：帝國主義、封建主義、官僚資本主義。此「三座大山」，宛如是對當時候的「中國社會」性質，進行問題的根源探討；也就是「定性」確認之後，就可以相對清楚與明瞭接下來的政治工作與任務的優先次序。是故，封建主義劍指地主壓迫；官僚資本主義則是中國國民黨；帝國主義則是外國殖民主與資本。同樣的道理，台灣各種社會問題千絲萬縷、層出不窮，如果沒有進行台灣社會問題的政治定性，實踐與行動將無從著手，不得要領。

簡要來談，台灣社會面臨的三大危機與難題：中國國民黨威權殘餘的復辟而產生民主倒退的問題、中國霸權崛起背後下的中華帝國主義對台灣主權的侵奪問題，以及資本主義全球化對台灣各種社會正義與剝削之問題。更棘手的是，三者之間可能相互夾纏，彼此呼應加乘；例如，國民黨的黨國遺毒未曾經過有效「轉型正義」的工程除垢，身份認同錯亂，導致「內外兩個中國」（內有中國國民黨的『山寨中華』，外有『正版中國』）交叉掩護，對台灣民主轉型產生嚴重扯後腿現象；又如以中國台商資本跟內部政黨、外部中共三者的夾纏複合體，形成對台灣政治主體性的嚴重挑戰與干擾。

職是之故，面對台灣三大問題，亟需一套更激進的「六〇〇」套餐組合，方能有效對治。此組合由三個主軸構成：

一、「**政治民主化**」（解決中國國民黨威權遺留與黨國遺毒）

二、「**主權自主化**」（直面國共兩黨鬆動台灣主權的問題）

三、「**社會自由化**」（直指經濟發展成果必須有助於人民的社會解放與自由）等三項基本菜色。

當然，若用具備左翼色彩語言來概括，這三項基本款菜色，也就是：「**反殖**」（反中國國民黨殖民遺留與後殖民狀態）、「**反帝**」（反中華帝國主義）、與「**反剝削**」（反對經濟發展成果被少數壟斷）。因此，這個「基本又進步」的「六〇〇」價位套餐組合的營養成份，對照國內其它政黨的基本黨綱主張，將是**更本土、更獨與更進步**。其營養成份的內涵說明如下。

政治民主化【反殖】：「國民黨不倒，台灣不會好」

政治民主化，表示台灣民主轉型必須完成「民主鞏固」階段，才能確認「民主」已經成為人民生活的公約數，不會再有退轉之虞。

儘管民進黨已經二次執政，且實現「全面執政」近八年，但二〇〇〇年的首次政黨輪替過程中，原本由李登輝推動的國民黨本土化工程，遇到嚴重反挫。緊接著，「連胡公報」與「馬英九的八年執政」，國共兩黨進入交叉持股狀態，在在確認中國國民黨的外來性格（中國性）已大於本土性格（台灣性）；除非，中國國民黨裂解之後重生，否則已經不夠格參與台灣民主選舉遊戲了。

再者，儘管中國國民黨已經失去政權兩次，但過往黨國威權年代的遺毒，從未歷經過大規模的「轉型正義」工程的除垢滌清；因此，台灣社會依舊呈現「黨國雖不在執政位置」，但「黨國以各種文化性格的遺毒表現」頑強地寄生於每一位台灣人民的身心靈之中。

自一九七〇至一九八〇年代，國際學術界開始出現一種「後殖民主義」的學術理論與思潮，並深深影響後來的文化研究。雖然，「後殖民主義」研究取向已變得非常複雜，但其開始發軔的問題意識，即是印度學者發現英國殖民主人雖已離去了，但為何印度仍未從所謂「殖民狀態」逃逸脫離呢？簡言之，原來殖民主人的思維與各種文化傳統，早已深深鑲嵌入印度統治菁英的思維之中；因此，縱使殖民主人已不在場，但「殖民狀態」依舊持續。後來，此種狀態就是所謂的「**後殖民狀態**」。

同樣的道理，中國國民黨雖然已不在統治位置，也不再佔據台灣政治經濟資源統制與分配的核心地位，但黨國威權遺毒仍舊深深鑲嵌與寄生在許許多多台灣統治菁英、公務員、政客、政黨，以及眾多市井小民的身心靈之中。因此，「中國國民黨雖不再統治，但黨國則繼續統治著」的實情狀態，也就成了台灣民主轉型受到嚴重阻滯的主要原因。基於此，「基本又進步」的「六〇〇」套餐組合第一項營養成份——「政治民主化」，就是明白指出：**中國國民黨沒有參政資格，必須經過裂解之後才能重生**。若用市井街坊的白話來說，這項營養成份的內涵就是：**「國民黨不倒，台灣不會好」**！

閱讀小貼士

陳奕齊

★「裂解重生」會不會太過「偏激」？

綜觀世界上主要的宗教，天主教或許是「上天堂」條件較寬鬆的宗教。其教義之下，信徒通常只要不自殺，在現世犯錯之後，向教會的神職人員告罪，且對所告的罪痛悔並定改，藉由同一位神職人員赦罪之後，便能從天主獲得赦免。但看中國國民黨，對其過往數十年戒嚴與威權統治下，對台灣土地與人民犯下的罪過，曾經向台灣人民告解、悔罪過嗎？國民黨可曾對其所造成之傷痕陰影，有絲毫痛悔並定改嗎？沒有。不僅沒有，今日還大剌剌地跟對岸敵國——中共共舞共謀，宛如不把台灣送進中國虎口不罷休一般，這樣還有參政資格嗎？

此外，在轉型正義的具體作為裡頭，有一種名為「**除垢**」（lustration）的法律，也是跟基督宗教的概念有關。在前東歐國家的大小除垢法之中，即是訂明那些曾經是威權打手者，根本不具備參政資格。回望看看，台灣的前島主馬英九先生，因其在美國念書時身兼中國國民黨抓耙子，造成多少人被列進「黑名單」而有家歸不得，甚至人生軌跡產生劇變的呢？尚且不論，許多前東歐國家的轉型正義除垢法當中，更細緻到把那些曾替威權政府扮演傳聲筒的媒體與媒體人，都視為「威權污垢」，一概必須徹底地從公領域中排除哩。

看看人家對轉型正義的作為，看看最寬容的天主教，再想想我們對中國國民黨的縱容輕忽，主張「國民黨不倒，台灣不會好」並加以實踐，這樣會「激進」嗎？真正偏激的是，為何有一種號稱民主的社會，卻如此縱容與縱放「威權殘餘」呢？民主是脆弱的，亟需被防衛，主張並實踐「國民黨沒有參政資格」，其實就是台灣防衛民主機制的基本款而已啊！

當筆者從二〇一三年開始號召青年組建基進隊伍之時，便不斷聲嘶力竭地高喊：「國民黨不倒，台灣不會好」。彼時，最常遇到的回嘴即是：「國民黨倒了，台灣就會變好嗎？」事實上，這句口號的語意，其實就是在說，「國民黨倒」是台灣變好的「必要條件」。台灣沒了中國國民黨之後，會不會方方面面都大幅度改善、變好，或許不一定；但是，中國國民黨沒有倒，台灣各方面要變好、提升與改善，則變得很難實現。好比，要考試考好，首先必須認真讀書；但是認真讀書，不意味著那一場試就會考高分。不過，如果連認真讀書都做不到，就想要把分數考高，那真的只能靠運氣了。

「國民黨不倒，台灣不會好」的周邊商品。

「國民黨不倒，台灣不會好」——讓中國國民黨躺平在歷史博物館中供後人研究，就是台灣變好的「必要條件」啊！

「基本又進步」的「六〇〇」套餐組合第二項營養成份——「主權自主化」，就是指跳脫國民黨與共產黨的「內戰史觀」框架的侷限，重新看待台灣。

「五〇〇」價位的民進套餐組合，其對台灣前途的認知，主要由其《台獨黨綱》的「**統獨由兩千三百萬人公投決定**」所構成。但必須要指出，這其實也是「內戰史觀」的遺緒框架——此種「公投」主張的背後，某種程度意味著台灣誰屬，必須經由台灣人民的公民投票來確認。

但是「六〇〇」價位的「基進」套餐組合，認為地球上本就有一個被國際承認的「中國」存在，若個人想要圓滿其「中國人」的夢想，自己買機票移民過去圓夢即可，根本不需要進行什麼公投，便可實現「中國人」夢想。畢竟，此舉無異於是在台灣就地剝奪那些「不想成為中國人而只想成為台灣人」的可能。這種所謂由二千三百萬人來投票的「統獨公投」，其實雙方對賭的籌碼是相當不對稱的。那些身在台灣卻想一圓中國人夢想者，公投不論結果為何，他們皆可以完成「中國人」的身份實踐；畢竟，中國早就存在於海峽對岸那邊。公投結果如何，都不會剝奪他們成為中國人的夢想。但是，對於想成就自己台灣人身份者而言，公投的結果若不是讓大家就地完成台灣人的夢想，難道要讓大家只能選擇跳太平洋嗎？

其次，更直白一點說，**台灣本來就是屬於台灣人民的**；突然有一天，中國國民黨蔣介石政權跑來台灣，然後把他們跟共產黨的「內戰問題」帶來，並把它們的內戰困擾變成所有台灣人民的困擾，這不是很奇怪嗎？內戰是中國國民黨家的事，非關台灣人民。因此，所謂「台灣誰屬必須要二千三〇〇萬人投票決定」，就像是有人跑來自己的家裡，然後說你必須先猜拳，猜贏之後才能說這個家是台灣你自己的，否則這個家是中國鄰居的。這不是很腦殘的事嗎？

「內戰史觀」是中國國民黨的課題，不是台灣人民的課題。切勿將國民黨（跟共產黨）的課題，變成台灣人民的課題。台灣就是居住在台灣土地的台灣人民自己的，就是想要以台灣為共同體容器者的。二千三〇〇萬人的「公投」是為了收集島民集體政治意志，一種向國際社會要求給台灣戶口進行註冊的國際承認，是「台灣國家完成」最重要的一哩路。

此外，「主權自主化」用口語主張來說，即是「**台灣是台灣人的國家**」。這個口語主張，主要挪改自日治時期《文化協會》的活動家蔡培火，其在一九二〇年（大正九年）發表在《台灣青年》中的〈我島と我等〉文章中，提出「台湾は……我等台湾人の台湾である（台灣是台灣人的台灣）」的主張，爾後成為台灣民族運動中最重要的中心思想。

但「台灣是台灣人的『國家』」，有兩層意涵：

首先台灣人的『台灣』，到底台灣是「自治區」，還是「國家」，其意味不明；其次，直接表明「台灣是台灣人的『國家』」，主要是為了避免陷入不同的「建國派理論」、或者「台灣主權理論」間相互且持久的不斷爭拗之中，而忽略「行動打造」的重要。

2019 年 1 月，出席《制憲基金會》活動。重新制憲，才是台灣走向正常化國家的初步。

因此，「主權自主化」的口語主張：「台灣是台灣人的國家」就是指，如果自身理論認為台灣已是國家者，那就好好地保護與捍衛它；至於，認為台灣國格尚未完成者，那麼就去把它給打造出來。

不論是要採取「捍衛保護」，抑或「國家打造」的行動方案，起而行之後勢必會發現，兩者的共同敵人必定是「內外兩個中國」：內有中國國民黨遺留的中華體制，外有中華人民共和國。如此，接下來的問題就會從各種「國際法理論」的長期爭辯中，開始思考與面對如何而可能地解決內外兩中國的問題啊。

看圖說故事

★郭董的「和平宣言」

繪圖：許瑀真

新聞報導，原本意欲爭取中國國民黨總統提名的郭台銘，五月十三日至金門發表「和平宣言」，並承諾當選後要跟中國重新談判。只是在此新聞見報四天後的五月十七日，郭董的願景便徹底殘念，無法成為中國國民黨所徵召的總統候選人。然而，中國國民黨人整天胡言亂語的「和平宣言」或「和平協議」，基本上都是國共將它們的內戰課題，硬套在台灣人民身上所會產生的錯誤意識。不論國民黨或民眾黨政客如何美化「兩岸和平協議」、抑或「兩岸政治談判」，其實都是把台灣推向中共虎口的危險作為。

所謂「和平協議」的可怕悲劇，只消看看西藏（圖博）的下場即知。

西藏由阿沛．阿旺晉美為首的五人代表團在一九五一年十月致電同意中國的十七點和平協議，保證西藏「六十年不變」。就在「和平協議」之後，圖博人的乖舛歷史與悽慘命運，正式到來。「和平協議」不只沒有給西藏帶來「和平」，卻迎來了中共政權於一九五九、一九八九、二〇〇八年三次大規模的「種族清洗」血腥鎮壓。[1] 陸陸續續，十幾萬藏人流離失所，連西藏的精神領袖達賴喇嘛都得流亡海外，而喇嘛一職無法按照圖博人自己的宗教文化傳承，只能任由中共選定。「和平協議」的滋味，圖博人點滴在心！

可知，那些整天說要跟中共進行政治談判者，其實也是包藏禍心。端看香港的案例即知。一般人所謂的「香港」，是指由香港島、九龍半島與新界三個地區組成的地方。香港島與九龍半島，分別是一八四二年《南京條約》與一八六〇年《北京條約》此二條約下「永久割讓」給英國。至於新界的租借，則源於一八九五年「甲午戰爭（日清戰爭）」後，曾為清政府說項議和的德國、法國與俄國，以此藉口提出租地要求。爾後，隨著局勢緊張，英國認為必須取得鄰近土地的控制權，才能有效保衛香港。於是，一八九八年六月九日遂仿效德國，向清國要求簽訂《展拓香港界址專條》，同意租借九

1 編按：中共除血腥鎮壓外，並摧毀寺廟、土地公有，近十餘年間，百萬藏族孩童被強制送進公立寄宿學校，受漢語教學強迫同化，使其忘卻母語，藏人被禁止信奉自己的宗教，形同進行「文化種族滅絕」（cultural genocide）。西藏的寺院學校和其他私立學校被關閉，宗教法師、私立學校負責人和藏語老師、知識分子則被捕入獄。

龍界限街以北直至深圳河的新界地域以及二三五個島嶼予英國，為期九十九年。

由於香港地狹人稠，香港島跟九龍半島已發展飽和，只餘新界尚有空間。於是，在一九七〇年代末，香港資本家財團向當初的港英政府要求，必須確認新界未來，再加上當時英國柴契爾鐵娘子，對內鎮壓工會，對外打贏福克蘭戰爭，也自信滿滿地跑去跟鄧小平談判。原本，柴契爾夫人所設想的底線，是讓「英國保有香港治理權，主權歸還給中國」，亦即總經理給英國幹，中國則擔任董事長。詎料，鄧小平一席「出兵摧毀香港繁榮，在所不惜都要收回香港」的強硬態度，讓柴契爾在結束與老鄧的會面並走出北京人民大會堂之際，突然踉蹌、仆街跌倒，導致後來的談判當中，連帶地把永久割讓給英國的香港島跟九龍半島一併移交給中國。

台灣並沒有當時候香港所遇到的「新界」問題；那麼，台灣根本沒有必要性與迫切性跟中共進行政治談判啊！台灣當下最迫切的要務，即是不斷降低對中國的經濟與貿易依賴，對內清除各種中國滲透，強化國防與自身方方面面的體質，有效提升對中抗體。直到有一天，萬不得已須跟中共進行「政治談判」之時，台灣才有與之應對跟周旋的籌碼和實力。

沒有跳脫國共內戰的問題框架，並把它們的課題當成台灣人民的問題，就會產生一堆搞錯問題，抓錯解答的狀況。台灣沒有問題，有問題的是中國——是中國要侵略台灣。台灣唯一要認真對待的唯有思考，當土匪來搶劫時，如何抵抗土匪的入侵啊！

閱讀小貼士

★台灣的狀態：「政府以上，國家未滿」？

跳脫以「國際法理」視野來看待台灣國家狀態，改用一種社會學式的視角，除了能避免陷入理論爭拗帶來的不必要衝突，更能指明未來的行動方案。

事實上，台灣處於一種所謂「政府以上，國家未滿」的狀態。在本書第一章會提及「後衝突國家」之國家再造的經驗分析，發現許多後衝突國家縱使在聯合國或美國的協助下進行「國家治理機構與制度」的建構，該國家依舊深陷各種僵局紛爭之中，而無法有效治理與運作。後來，學者研究發現，國家再造失敗的主要原因，即是忽視了那些能有助於「社會團結與政治凝結」(social cohesion)、以及凝聚社會集體基礎的「正當性」……等等情感與感性層面的問題。[2]

此後，學者通常把「國家治理機構與制度」歸類為「國家打造」(state-building)，將「社會團結與政治凝結」以形成共同體的基礎等情感層面，視為「國族打造」(nation-building)。如果前者是指涉「國家的制度與功能」之維度，後者則傾向於

2 編按：法國政治哲學家勒南（Ernest Renan, 1823-1892）在《何謂國族？》如此定義 nation：「國族是永無休止的全民表決，以標誌共同生活的意志。」國族由二者共構：一、共同的歷史記憶（過去），二、共同生活的意志（現在），而對台灣共同體而言，中華民國的國族想像無法符應斯土斯民，中華民族的打造是缺乏土地、歷史、記憶作為基礎的殖民工程（以上論述取自台灣基進）。

代表「國家象徵、文化與團結認同」等體現。因此，學者最後便認為，此些「後衝突國家」的再造失敗的主因，即是陷入一種所謂「欠缺國族打造的國家打造」(State-building without nation-building) 之狀態中。

國家與國族的區別，對非社會科學學術背景者，較難以有效掌握理解；若用常民生活中具象且可感的說法，制度與功能就像是「政府」，文化象徵與共同體團結，就像是「國家」，前者相對具體，後者較為抽象。如同日本總理指的是日本政府，日本天皇就像是日本此一共同體的象徵一般。

日本有句描述狀態曖昧，卻非常到位的說法：「友達以上，戀人未滿」(ともだちいじょう，こいびとみまん，tomodachi ijyou, koibito miman)；而台灣國家狀態的曖昧不明，其實也非常類似「政府以上，國家未滿」此種微妙關係！這兩者之間的距離要如何弭平，其實就在於，對內須將「台灣共同體」遲遲未能有效完成凝聚的「內部中國遺留」給滌清；對外，則必須要將台灣未能獲得國際身份戶口登記的「外部中國因素」進行有效突破。換言之，「內外兩個中國」，即是台灣「國家完成」行動必須攻克的兩大難題與主要癥結啊！

「社會自由化」的主張，其實是一個原則性的方針。「『社會』自由化」，是為了跟「『經濟』自由化」進行對舉與對照。由於資本主義社會，常把對「資本管制」鬆綁的「經濟自由化」政策，視為進步與自由，因而忘卻，「經濟自由化」所帶來的發展成果若無法有效讓共同體成員雨露均霑或相對均質共享，此種「自由化」是有問題的。具體而言，如果資本鬆綁的經濟自由化，傷害了台灣的主權或讓台灣民主有鬆動之虞，那麼這樣的「經濟自由化」就該被進行某種程度的設限；又如，「經濟自由化」帶來的成果，如果只侷限於少數既得利益贏者圈，那麼政府政策工具的介入，就是該考慮的手段，而不能將「經濟自由化」視為是最高原則。

經濟發展，不是為了經濟本身，也非為了少數資本家或財團，而是為了讓資本主義社會當中的每個個體，首先都能從「勞動」的桎梏枷鎖中慢慢釋放；同時，也能透由人民手中的民主工具，漸進地解決社會不斷浮現的矛盾與難題。如此，讓共同體當中的每一位成員，逐漸貼近更加「自由」的存在狀態，則是「社會自由化」的真實意義。

事實上，「六〇〇」基進套餐組合的第三項營養成份——「社會自由化」，其所參照的社會長相，參考了許多**荷蘭社會**的運作與規劃模式。荷蘭的各項條件與國家大小規模，跟台灣相去不遠；尤其，欠缺自然資源與倚賴國際貿易這二者，非常相似。如果荷蘭街頭常見的人們嘴角自動微揚十五度的微笑從容，是一種社會相較自由的幸福表現，那麼，這樣的狀態即是「社會自由化」此基本主張所標舉的目標方向。換言之，隨著經濟與社會發展，其發展成果理當是要讓該共同體中的人民進一步從勞動中釋放，並不斷朝向社會矛盾與社會壓抑緩解的自由人狀態邁進。然而，必須要說明的是，作為一個「方向目標」，是要透由民主社會當中所賦予的各種結社為表現的「民主工具」，按所處國家的發展條件，進行「漸進式」的階段提升。

事實上，當代社會之中，勢必有許多相互扞格的多元利益共存。因此，在多元的社會之中，基本上沒有誰的利益或主張，在本質上就享有更高的道德優位，而自動凌駕於其它不同群體的想法與利益。如此，這不僅可避免「政治道德化」（即我的主張最進步，我的要求最重要，其餘的都是落後與次要的），來壓制他人的不同考慮與利益；此舉也會進一步鼓勵不同社群進行結社組織，以形成多元喧嘩的「非政府組織」（non-governmental organizations）或者「非營利組織」（non-profit organizations），讓民主的重要構成要素—公民社會（civil society）—在各種結社團體的活躍下，更加活潑與更具生命力。回過頭，活躍的公民社會，也就會進一步促使民主生活更加多元與更為成熟。

公民社會的活潑，其主要根基是懸繫於各類結社的活躍。

閱讀小貼士

★「一人半收入家庭模式」

同樣身為資本主義高度發達的社會，荷蘭的社會運作，卻跟台灣社會有著截然不同的模式。以家庭組構反推台灣的勞動型態，可發現台灣很多小家庭幾乎是「頂客族」（double-income, no-kids）模式；但台灣的「頂客族」卻遠非西方早年的中產階級家庭，夫妻為了享受中產生活情調，選擇不生小孩的模式。台灣當下許多「頂客族」家庭模式，當中很多必須倚靠「雙薪」方能維持家庭開銷；若生小孩，生活將更加吃力。

其實，英文字 breadwinner（賺麵包的人），很類似台灣過往婦女稱呼先生為「頭仔」或「頭家」——養家活口的人的意思。台灣的「頭家」或「頭仔」，除了有著濃厚「父權」的色彩之外，此稱呼的背後，也意味著台灣過往只要先生一人出去工作，即可「養家活口」。

在荷蘭社會的運作理念中，有一種叫做「一人半家庭模式」（one-and-a-half-earner model）：亦即，家庭中不論丈夫或妻子，一人全職，一人半職，即可養家活口。同時，「半職」的意思是為了讓此人能在家庭與工作之間兼顧，不會陷入「全職主夫／婦」的「社會隔離」困境中。為了達到此種理想狀態，荷蘭的社會福利制度，也就必須把「半職」工作者跟「全職」工作者一起納入，不能有差別對待。

如果，「一人半收入家庭模式」是一種讓人得以相較解放的目標，那麼為了逼近此種目標實現的政策設計，可以如何規劃呢？基進的「社會自由化」的目標實踐，許多政策發想跟啟發的原型，來自於同樣是倚靠國際貿易的荷蘭社會喔。

★「非政府組織」或「非營利組織」

「非政府組織」（non-governmental organizations）或者「非營利組織」（non-profit organizations），即是指非關政府機構的相關組織，或非關市場營利行為的組織，如企業。儘管，有某些學者會刻意區分「非政府組織」或者「非營利組織」的異同，但筆者通常將此二者皆視為是「公民社會」中的結社表現。

事實上，社會學對當代社會的運作構成，基本上會分成三塊：「國家（或政府）」（state）、市場（market）、公民社會（civil society）。公民社會主要指涉，不屬於政府的一部分，也不屬於營利的私營經濟的一部分，是由共同的利益、目的和價值集結的非強制性的集體行為，屬於在傳統意義上的「公」（政府）與「私」（市場）的領域之外。

直言之，當代資本主義社會之中，國家（政府）或市場兩者各自扮演著不同角色；但根據幾年前過世的法國著名企業家和經濟學家，且曾任法國經濟企劃署總長的米歐爾．阿爾伯特（Michel Albert）的《兩種資本主義之戰》（*Capitalism Against Capitalism*）一書，當中標幟出兩種資本主義模式：「新美國模式」與「萊茵模式」。儘管，這兩種模式，是一種「理想狀態模式」（ideal type），但粗略來看，兩種型式的差別在於歐陸社會的「政府」角色相較吃重與明顯；至於另一種美式的「新美國模式」，則以「市場」扮演更為突出重要的角色。

因此，當使用「非政府組織」此名稱的時候，其背後所對照的是「政府」角色較為吃重的社會；至於採「非營利組織」之用法時，其背後對照設想的則是「市場」比重與功能相較重要的社會模式。換句話說，「非政府組織」在政府職能通常較為廣泛的「萊茵模式」的國家中使用情形較多；「非營利組織」則在市場作為社會要角的「新美國模式」國家中較為常用。但不論「非政府組織」或「非營利組織」的用法，其實都是指涉在「國家（政府）」或者「市場」之外的結社組織之意。

這就是為何，公民社會的活潑，其主要根基是懸繫於各類結社的活躍。如此認識，將可避免陷入「類型學」的各種細瑣中，而忘卻這類結社，其實是希冀透由各種有意義的公民結社行動，讓公民社會更加活潑與多元，同時也減少政府與市場過多的介入與干預，導致人的自主性與獨立性受到支配與壓抑。

「三大主張」各自的特質與關係

事實上，「政治民主化」【反殖】、「主權自主化」【反帝】與「社會自由化」【反剝削】，此三項對治台灣發展問題根源的方案主張，各自分開來看，則有各自的屬性與特質；若整體觀之，則彼此間將呈現一種「立體」的架構關係。

首先，「政治民主化」主要是把「民主」視為是一項「工具」。「工欲善其事，必先利其器」，「民主」作為一種「工具」，必須好用、管用與堪用，否則工具根本無用矣。而台灣的民主工具最主要的問題，即是其身上已然「附著紅色鐵鏽」，而這樣的紅色鐵鏽必須要被清除，才能讓台灣民主工具再次鋒利，進而追求整體社會福祉的提升。因此，台灣民主工具的重鑄與打磨拋光，是「政治民主化」此一主張的核心要務。

再者，「主權自主化」則意味著「台灣」必須作為基本前提，此一前提無法轉讓或討價還價。畢竟，台灣土地上共同生活的每一位伙伴，不論是熱衷於民主實踐或執著於經濟追求，這些共同努力的目標與成果，必須有一具體可凝結的容器作為基礎：「台灣共同體」。為此，台灣是台灣人民的國家，就是一種「實質性」的前提標準。

至於「社會自由化」的主張，則是指往更為解放與自由的目標方向前進之意。而往更自由解放的目標邁進，是一個「程序性」過程——即透由民主社會所賦予的民主工具，進行公民結社與集體行動，或社會倡議、或社會抗議、或選舉入政等不同手段，進一步往更自由解放的方向目標邁進。

政治民主化【反剝削】：重鑄台灣民主「工具」

「民主」其實是一項鬥爭性的工具。誠如，美國社會文化理論家道格拉斯‧凱爾納（Douglas Kellner）和史蒂芬‧貝斯特（Steven Best）在《後現代理論：批判的質疑》（*Postmodern Theory: Critical Interrogations*）中考察所謂普遍性的人權或民眾權利之時認為，**民眾所享有的權利跟自由本身，都是在特定歷史脈絡之下鬥爭的產物**，並非如某些人權理論家所言，是一種本質性的「普世」存在。儘管，後來所謂「普世價值」的權利，則是透由社會發展過程中的鬥爭後發展而得；但是 Kellner & Best 則進一步認為：「雖然人權或某些普世性權利是社會與政治的建構性產物，但此些建構對於個人或團體而言，是重要且值得捍衛保護的，不該被後現代知識份子宣告為無效。」

Kellner & Best 進一步解釋：「我們的意思是，此些（歷史性地建構）普世權利與自由本身就是暫時的、建構的、脈絡性的，而且是特定歷史脈絡中社會鬥爭的產物。儘管，人權與民主價值必須擴展與維護，但卻不該被神秘化……應把它們詮釋為特定歷史情境下的進步建構，而不要把它們當作人類本質的特色」。誠哉斯言！一旦將民主或其它所謂普世權利當成社會鬥爭的產物時，我們便將知道「權利」並非給予或既定的，而是經由各種民主鬥爭所建構打造的。因此，鬥爭既是一連串變動不居的動態過程，那某國人民的權利內容清單，也並非固定與一致的。

職是之故，民主跟集會結社的自由，是人民力爭屬於自己福祉的程序性工具，當民主工具、抑或集會結社的權利與權力腐朽之時，都必須加以嚴正捍衛。有鑒於此，重鑄台灣「民主工具」使其鋒利化，即是「政治民主化」所最在意之事。不幸的是，台灣民主工具受到本土化反挫的中國國民黨，並在國民身份認同錯亂的狀態下退轉成「國共合謀」與「國共協力」的現實，讓台灣民主工具宛如受到「紅色鐵鏽」的附著而有嚴重鈍化之虞。台灣內部的「滯台中國人」，其實他們對中國有期待，如同是海外華人一般，一邊期待著強大祖國的光榮感，一邊則以為強大祖國會給予所在地更多身份地位的提升。這種民族主義情緒，就是一種具有中國特殊性的「**遠距民族主義**」（long- distance nationalism）的形式與表現。

此外，近年中國「銳實力」（sharp power）開始受到關注，其主要邏輯即是「利用民主顛覆民主」；因此，凡是民主社會裡頭所允諾的「自由」空間，都可能成為中國銳實力寄生的灰色介面。職是之故，重鑄與打磨台灣民主工具使其恢復鋒利度，首先就得面對內部中國國民黨威權殘餘與黨國遺毒問題，以及外部敵意中國的外部施壓與內部破壞。此二者，是重鑄台灣民主工具的重中之重。由此而知，「政治民主化」的主要任務，就必須針對這兩大毒素，進行對治處理。**落實轉型正義、清除不義黨產，以《中共代理人法》等清除各種中國新型態滲透，就是恢復民主工具鋒利度的基本作為。**

人民選舉權受到掏空，政／富二代才能參政？

除此之外，台灣民主工具的生鏽，還有第三項因素：即人民「選舉權」受到掏空之問題。事實上，台灣目前的政治狀況，越來越多「政二代」與「富二代」，產生一種「政／富二代」的政治壟斷現象；平凡家庭子弟，縱使對公共事務感到興趣與熱誠，早已輸在起跑點。

「政二代」或「富二代」並不一定都是失格或不優秀的民代；但如果政治人物大多只能從「『政／富』二代」此小圈圈中出身，民主未來的生機，勢必萎靡。畢竟，當更多優秀卻平凡的子弟，無法成為代議士之時，民主早就陷入「劣幣驅逐良幣」的難堪之中囉。

事實上，在民主社會中，所謂充份的「**選舉權**」（suffrage/political franchise），其實包含著「**投票權**」與「**被選舉權**」。當下，在台灣每個人都可以登記參選，但基本上都是「陪公子打牌」，很難選上；畢竟，目前花大錢的選舉所堆砌起來的金錢門檻，早已排除了平凡家庭子弟的參與。舉例而言，除卻台北市之外，台灣各地區的參選幾乎要有一定量的「看板」，否則根本沒有知名度，且選民還會因為看不到幾塊選舉看板，而反過來質疑到底參選是認真的還是

看圖說故事

★《地獄遊記》鸞書勸世圖

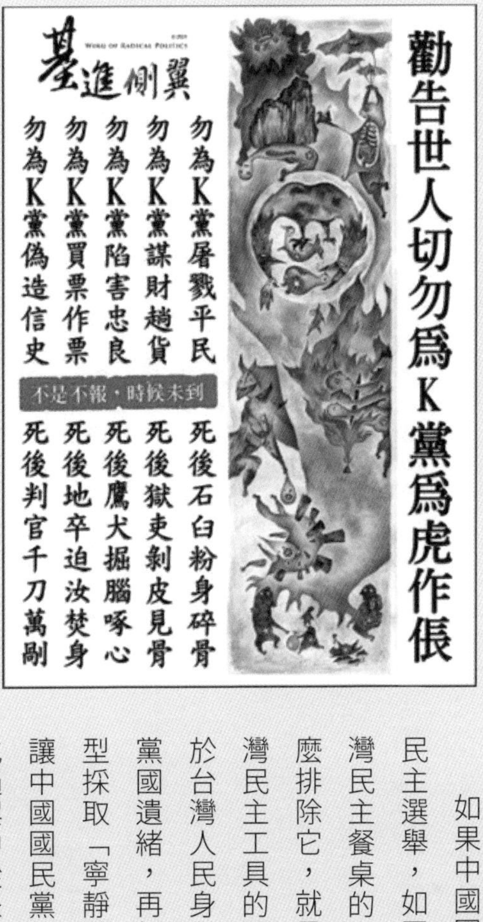
勸告世人切勿爲K黨爲虎作倀
基進側翼
WORD OF RADICAL POLITICS
勿為K黨屠戮平民
勿為K黨謀財趟貨
勿為K黨陷害忠良
勿為K黨買票作票
勿為K黨偽造信史
不是不報，時候未到
死後石臼粉身碎骨
死後獄吏剝皮見骨
死後鷹犬掘腦啄心
死後地卒迫汝焚身
死後判官千刀萬剮

如果中國國民黨參與台灣民主選舉，如同本不該躍上台灣民主餐桌的「排泄物」，那麼排除它，就是重新鋒利化台灣民主工具的重要關鍵。但由於台灣人民身心靈普遍駐紮著黨國遺緒，再加上台灣民主轉型採取「寧靜革命」的路徑，讓中國國民黨一直是台灣民主化過程中從未缺席的「選舉玩家」，導致中國國民黨的參政資格，似乎成為理所當然與毋庸質疑。

再者，台灣社會的人情世故與人際羈絆，讓宣告中國國民黨沒有參政資格，變成相當困難之事。基於此，為了拉起台灣政治最低標——「國民黨不具備參政資格，除非裂解後重生」，筆者便嘗試以「地獄遊記」中因惡行敗德下地獄的概念，跟政治上支持「國民黨」的行為，作嫁接類比。

台灣民俗社會中有一種鸞堂宗教儀式，透由「扶乩」儀軌，由神諭降言成文，爾後集文成書，並由信眾助印成鸞書或善書，廣發民眾，以收潛移默化之效，肩負起社會道德與規範的教化功能。警世鸞書，常以順口文字或歌謠呈現，以方便流傳，成為勸世歌或勸世文；若以圖像為現者，則變成勸世圖。不論形式為何，重塑規範與道德教化，以維持社會穩定與道德秩序，乃其主要目標。而在早年台灣流傳甚廣的鸞書或善書之中，定有《地獄遊記》。此部遊記成書，據說乃一九七六年於台中聖賢堂鸞生「楊生」，由濟公帶領其魂魄，至地獄遊歷情景的記述集結而成。後來，《地獄遊記》以圖畫方式呈現之後，便有如「勸世圖」之效；透由地獄驚悚景象，勸告世人多行善事莫為惡，以免往生後受地獄苦。

事實上，《地獄遊記》這本鸞書的現世時間，剛好是台灣政經發生動盪變遷之刻，社會原有道德規範與價值秩序受到挑戰之際。在政治上，一九七六年是國民黨在國際外交承認上屢屢挫敗之刻，且政治獨夫強人蔣介石才剛於前一年趕赴蘇州加入鴨蛋商的行列中，一系列政治震盪已然造成社會與人心浮動。再者，由於一九六〇年代的出口導向政策，對島內民眾消費進行壓抑，迨至一九七〇年代的能源危機轉換成經濟衝擊，台灣改以「進口替代」為策，累積十年之久的出口經濟發展，轉換成國內消費的擴增。原本社會上由「生產報國」、「以廠為家」的節約拼經濟，開始變成鋪張奢侈的消費文化蔓延，行政院「改善社會風氣專案小組」更於一九七八年開始推出「五菜一湯」的「梅花餐」，以為節約飲食標準。一九七〇年代蔣經國的「譴責奢侈浪費，明白義利之辨」，其實正是指涉原本的社會規範跟道德公約，隱然在政經秩序動盪變遷下，開始受到各種挑戰。可知，台中聖賢堂出版的《地獄遊記》此一鸞書，正是期待透由地獄記聞的方式，以為警世，並藉此重新拉緊台灣社會逐漸鬆弛的社會規範與道德秩序。

誠如上述，中國國民黨在民主化後的今天，得以繼續頑強地存在於台灣社會，某種程度也是人民用選票不斷支撐所致。如果當前的國民黨對台灣民主與未來是一種嚴重傷害，那麼幫忙國民選舉的各種行為，無異於是各種必須下地獄的敗德惡行。於是，二〇一四年基進成員在競選高雄市議員期間，筆者便邀請高雄在地藝術家，製作了一幅擬似《地獄遊記》的勸世圖，以傳統鸞書的道德教化為借鏡，半戲謔地警示替國民黨買票作票、擔任國民黨鷹犬、替國民黨美化……等等罪孽，將在往生之後飽受地獄之刑。此幅「勸世圖」以大圖輸出、製成明信片的方式傳達：「中國國民黨」未經裂解而獲得重生之前，是必須被世人唾棄遠離的，以此強調「國民黨不倒，台灣不會好」應是國人共識。

這幅「勸世圖」創作，可說是嘗試把台灣政治道德最低標給拉起的第一部「政治鸞書」之作品！在這個為了爭逐選票最大化的選舉遊戲之下，政客媚俗、多方討好的程度，早令人不敢恭維；膽敢在選舉期間製作這幅政治鸞書作品，其實基進要說明的是，選戰打的除了是輸贏之外，更是一種政治道德與價值確立的過程。

選假的呢？

平均來說，六都議員的四年合法且可支配的收入不到一千萬，但選舉花費卻往往高於議員可支配收入，甚至呈倍數之譜。俗話說，「殺頭生意有人幹，賠錢生意沒人做」，此種選舉支出大於議員收入的怪異現象，表示當選的議員，最先考慮的定是「業外收入」，以便累積下次連任的高額競選經費。此種生態，不僅促使政治慢慢失去改革理想，更讓政治逐漸遠離人民所需與所求。當下，只要在選舉年，在非台北市的六都，大街小巷幾乎被競選看板給淹沒。全台數量龐大到難以計數的塑料選舉看板，不僅耗費資源、增加排碳並成為環保殺手外，每一位候選人動輒高掛上百塊以上的選舉看板的花費，更成為有經濟實力的候選人，得以立足於不公平競爭起跑點的保證。

因此，如果按照選舉的「三公原則」：「公平」、「公正」與「公開」來看，難道台灣的選舉不能從「公平性」的角度叩問，並重新豎立起一種更為「公平」的選舉競爭、更為環保的選舉模式嗎？舉例來說，難道不能效法西歐國家或日本的看板模式，由政府在公家單位或機構設施外頭，提供每一位候選人相同大小與尺寸規模的「海報看板」欄位嗎？此舉，不僅可增加選舉競爭的公平性，更可有效提升選舉文化與民主品質，同時也可讓出身平凡但優質候選人，更有當選機會，並讓「選賢與能」的理念得以實現。

選舉遊戲與其制度規範之再設計，包含「宣傳資源公平性」、甚至「公費選舉」等等，亟

需社會認真考慮，否則民主作為台灣社會最為珍視的資產與價值，早就隨著「選舉」的各種亂象，處於嚴重貶值的狀態。

過去，筆者因選舉而全台跑基層之時，發現許多相較偏遠的地區，依舊盛行「買票」文化；但更令人跌破眼鏡的是，竟有候選人說，在人口數較少的選區，如果用正規宣傳來選舉，包括選舉看板、文宣設計、印製、派發，再加上電子、網路、第四台等媒體通路廣告，林林總總的花費開銷之「CP值」（性價比），相較起「買票」的當選保證，不僅更低且不划算。選舉如果是民主實踐的表徵，那麼某種程度上，台灣民主實踐的第一課，早就在死當補修邊緣了啊！

主權自主化【反帝】：「主權」是不可討價還價的「實質」前提

「六〇〇」基進套餐組合的第二項基本主張——「主權自由化」，是一項「實質性」的前提標準。換言之，台灣民主生活的各種實踐、權利與福祉，必須以台灣共同體為凝結容器。舉例而言，全民健保此一台灣民主實踐的產物，主要是以台灣國民為主，並非地球人皆可享的國民待遇。如同，台灣人民對中國社會的民主與自由，並不負有任何責任，包含道義責任，那是中國人民自身的課題。台灣人民能做的，即是把台灣民主好好的實踐與保護，以「身教示範」讓「厲害了我的國」知道，連他們眼中的「台巴子」都可以做得到，那麼厲害的廣大中國小粉紅們，也一定可以推進屬於它們土地上的民主實踐啦。

是故，台灣主權是實質前提，不可討價還價，否則就會陷入政客嘴巴中說「拚經濟」，最後卻令人懷疑其所拚的到底是不是「中國經濟」呢。端看馬英九任內，整天嘴巴掛著「拼經濟」，但其任內是台灣經濟最悲摧的八年，且帶來二二K的低薪魔咒將青年一舉推向「崩世代」境地，直至蔡英文任內才得以擺脫。有趣的是，馬氏拚經濟的八年，是台灣跟中國經濟接軌、各種中台交流最深刻的八年，剛好那八年也是中國經濟火紅爆表的八年。

記得，馬英九在二〇〇八年角逐總統寶座之前，曾效法陳水扁，遠赴英國參訪；期間，馬英九參加英國 BBC 的「HARDtalk」節目訪問，主持人質問馬英九的親北京的立場。對此馬英九不僅不覺得丟臉，還反過來質疑主持人說：英國不也都整天想跟中國做生意賺錢嗎？結果，這位 BBC 主持人當下愕然，以「一臉懵逼」（中國用語）的表情回問：「問題是，中國飛彈對準的是台灣，又不是英國啊？」

事實上，在國際貿易理論之下，貿易自由化或許會帶來「全體福祉」的提升；但沒有說的是，當中有可能是「一邊大賺，一邊小賠」，但「加總起來整體有賺」的狀況。尤其，當台灣與中國兩地經濟規模、市場條件，二者間的政府與市場關係……等等，皆處於高度異質與不對等的情形下，更可能會出現「一邊賺，一邊賠」的情形。不幸的是，台灣在馬英九兩岸經濟接軌總路線下，正是「賠」的那方。

此乃為何，「自由貿易」與「公平貿易」的夾纏糾葛，總是處於剪不斷理還亂的狀態；箇

2015 年春，基進《黨產公投連署》運動記者會。

中主因即是：地球上是以不同且各自獨立的「國家疆域」，作為經濟得失的計算單位。若馬英九有一丁點對「台灣主權」不可鬆動與抵換的想法，對中國便會心生保護台灣產業的顧慮，以及台灣經濟跟投資必須多元分散化，切忌將雞蛋全放在中國籃子中。至少，若有基於台灣主權維護的考慮，卻可能「歪打正著」般地減少對中國的過度依賴，而帶給台灣經濟長遠好處。

不論如何，「主權自主化」是一項不可抵換的實質性原則主張。主權安全是一切的前提，沒有主權安全為前提，經濟發展也將淪為未來中共鐮刀下的「韭菜」。遑論，在中共獨裁治理下，能當有機的「植物類」已算是高檔，現在早進入無機的「礦物類」之「人礦」年代呢。

閱讀小貼士

★奪回「充份選舉權」的基進實踐

定期選舉，是台灣民主的表現。然而，觀諸台灣選舉遊戲，其實已經慢慢陷入平凡家庭的子弟，相較「政／富二代」而言，已在花大錢的選舉遊戲中「輸在起跑點」了。換句話說，對平凡家庭而言，其優秀子弟的「選舉權」，已然剩下一半：只有「投票權」跟名義上的「被選舉權」而已。

一路以來，為了尋找更多優質年輕人扛起選舉入政的角色，奪回已然嚴重鏽蝕的充份選舉權，常常遇到「沒錢怎麼選舉」的困擾；甚至，筆者開始組建基進帶領青年參選之時，最多的質疑：一個候選人沒有六百萬，根本不可能當選。當然，一旦青年毅然決然要扛起「擬參選人」的角色時，青年的父母親常會找上門，並期待個人能勸阻其子女參選。

有趣的是，這代父母親主要不是用「政治很可怕」的威權黨國年代的印記作為主要理由，反倒大多數的父母都是表示「家裡沒錢讓小孩參選」。由此可見，過往三十年的民主化實踐，的確會讓威權遺毒的文化殘餘逐漸褪去；但選舉的金錢門檻，卻已然成為主要障礙，而讓有志者視選舉為畏途。

此外，如果台灣民主轉型三十多年而「民主鞏固」依舊未能實現的主因，就是「本土在野監督」政治隊伍未能有效催生，那麼台灣這一代的青年就必須扛起此一歷史任務，並將此難題給有效克服！畢竟，在中國國民黨黨國威權獨大的年代，是前輩們扛起他們那一代人的歷史任務，冒著失去生命與自由的風險，從「黨外」開始集結衝撞，最終結晶成民進黨這支本土政治隊伍。接著，在「李登輝執掌的本土國民黨」與「本土在野監督的民進黨」雙本土引擎下，共同推動台灣慢慢遠離威權，並朝向民主方向轉型。

此時，民進黨就如同一九九〇年代的李登輝執掌下的本土化國民黨，其主要職責是「本土執政治理」。然而，一九九〇年代原本扮演「本土在野監督」的民進黨，此一民主分工的功能角色，卻付之闕如。如果，雙本土政黨引擎的共構，乃是實現台灣民主鞏固的基本前提，那麼，這代台灣青年對台灣民主即肩負一項不可迴避的歷史任務：催生出堅定本土在野監督的政治隊伍。放眼望去，望風成性與投機檳榔為內建慣習的所謂「第三勢力」，在政治信念上不足以扛起堅定本土大纛的集結號響；於是，以青年集結為號召的「基進」，第一課即是讓青年世代，充份體認到其自身的歷史任務。

有著「青年時代歷史任務」的共感與認知之後，方能有政治價值跟信任而來的內聚力，而催生出「中央廚房」的「團體作戰」方式，降低個人參選的成本。同時，由於有著高度且親近的歷史共感與政治認知，方可大大地降低個人英雄主義，並進行集體資源的共享與調配，讓強的候選人拉拔弱的候選人，落後者盡快追上，進行彼此補位與交叉掩護。基進的競選過程，即是政治團隊與政治領導的學習過程。

基進的青年入政，即是募款多少便花多少，不讓選舉開銷成為個別年輕候選人的負擔。以此種「基進式」的入政模式，對選舉經費所堆砌的高門檻，進行一而再、再而三的不斷攻堅與突圍。基進清楚地認知到，唯有「政黨價值直營」的模式，才能不斷敲擊當前的政治高牆，以及透由衝撞前行中，慢慢組建出一個堅定本土的政治「團隊」或「隊伍」，而非個人英雄主義式的政治明星。

有句自嘲的話：「理想很豐滿，現實很骨感」。的確，實踐道路上，基進原初的設想與現實執行，一直有著不小的落差，也盡量嘗試將兩者間的鴻溝給拉近。記得，二〇一四年的高雄市議員選舉，是基進初試啼聲的第一戰。彼時，繳交高雄跟新竹五位參選人共九十二萬的登記費用之後，負責財務的何健維便把筆者拉到一旁說：只餘不到十萬經費了，還能撐到選舉完嗎？筆者則說：可以，絕對可以！選下去就會有人看到，就會有挹注進來了。最終，基進以平均一個人七十五萬元左右的成本，戰完那次選舉。那場選戰，開啟了基進政治集結的號角，以及至今仍踏著堅挺前行的步伐，走在築就台灣本土在野監督隊伍的想望征程中！

基進，堅持不花大錢選舉。因為，筆者相信「存在決定意識」，若花大錢當選，那麼下次為了把錢找回來，勢必變質；如果用多一點的「理念」說服當選，那麼，當選後服務的主要對象，即會是「理念」本身，而可以不必完全復刻當前那種無止盡消磨的「選民個人服務」、「紅白帖」、「跑攤」，並實現政治作為一種「制度建構來服務眾人的「眾人服務業」之可能。

閱讀小貼士

★中國民主誰有責？

很多台灣人，認為中國民主化之後，對台灣安全有保障，然後便認為「中國民主」是台灣人民的責任。抑或，過往常有人提出，「只要中國民主化，台灣可以考慮跟中國統一」云云。此類看法，其實有著一種不自覺的「自以為是」，且犯了把中國人自己的課題往自身攬的錯誤。

先說，「中國民主是兩岸統一的前提」此類說法，似乎是將「民主」當成前提。但是，問題是如果民主是重要前提，那為何不是跟老牌民主國家，如美國或西歐來統一，抑或日本，為何是中國呢？遑論，屆時中國民主，可能只處於「幼幼班」階段呢？！不過，最該問的是：難道台灣不能就只是台灣嗎？

中國清華大學知名政治學者劉瑜教授曾提出：中國民主只有內部自己來，否則國際干預太強，往往會招致中國民族主義抗拒。再加上中國相對較為封閉，不似台灣或韓國在民主化過程中，其民間部門已有一定活躍度，並跟國外有所聯繫，因此協同外國團體或勢力逼迫本國政府，並不會招致勾結境外勢力之質疑。但是，中國人情感實在太過玻璃與敏感，容易破碎受傷，且其教育過程中，常在「想我中國百年來，從鴉片戰爭以降列強入侵……」的自憐中不斷舔舐，因而瀰漫著一股濃烈的世界皆有愧中國的潛台詞。

此種「百年國恥」論述，最終也就結晶化為「落後就挨打」的自卑情結。此乃為何劉瑜會認為：國際干預太強，可能會招反效果之說，這也是為何，中國的民主，只有中國人自己能打造。

再者，台灣彈丸之地如此小，縱連自身的民主依舊跌撞踉蹌的補課中，民主鞏固遲遲未能完成，何德何能可在中國民主任務中卡上一角？唯一能貢獻的只有不斷深化與完善台灣的民主，提點自身不要成為拉低文明的後段班。職此，若能對港澳中產生身教示範效果，則足矣。

筆者收集的維尼公仔。

至於，對中國人道與人權蹂躪等問題的關懷，如同關懷蘇丹種族屠殺的心情，是人類文明情懷的基本反應。對中國，我等或許會多一兩分關心，畢竟習皇朝乃是隔鄰叫囂惡狼，整天嚷叫著對台動武；但請切記，在心情拿捏上不要因過度關心中國，便輕易地在情感上陷入中國／中華文化的情結之中喔。

「主權自主化」主張下對《兩岸監督條例》的再省思

二〇一四年春天的太陽花反服貿運動期間，筆者從南部上到北部街頭之後，原本以為反的是「兩岸服貿」（反中國服貿），竟不知怎的偷龍轉鳳成為「『反黑箱』服貿」。換言之，問題出在「黑箱」，而非「兩岸服貿」上頭。

主張說詞的變化，某種程度也就意味著，細節中可能藏有魔鬼。若說，用「反黑箱」的效果，比較能感召與動員「小清新」、「初次覺青公民」；但問題是，當民進黨在議會進行議事抗爭，已是民主社會中的「和平、理性、非暴力」（和理非）手段了，走上街頭或佔據立院的抗議模式，有需要再符合所謂「小清新」、「覺青公民」的清爽不油膩且無負擔的口味包裝嗎？很難想像，黑臉白臉，原本各有角色扮演與職責分工，一旦黑臉塗白，搶白臉戲份，這反倒有點怪異呢？

再者，關於台北投機政客柯文哲的傳說中，有一則故事：「柯曾於內部會議在白板寫下英文單字「imprint（銘刻）」，並自誇年輕人看到柯B，就像小雞破殼而出，會把第一眼看到的東西深深烙印在腦海中『第一眼看到他，就愛上他』」！果若，真有所謂「覺青」這類「破殼小雞」的存在，那麼縱使口味是比較重鹹的「黑臉」，難道不也會讓「覺青」馬上認定「黑」才是王道媽媽該有的樣子嗎？

復次，「反黑箱」取代「反中國服貿」，某種程度上除了反應彼時大家對於「反中國××」這件事情在心理上不僅存有障礙，並在潛意識裡刻意迴避外，其實此舉也是把理當是「實質性」的問題，巧妙地轉換成「程序性」問題的操作。

直言之，如果台灣與中國服務業自由貿易此一政策是「毒」，縱使程序透明，此項政策也不該被通過，畢竟，透明也更改不了其作為「毒」的本質。彼時，台灣跟中國的進出口依賴度早已高達四成多，且台灣服務業在台灣經濟體中佔比近七成，向中國開放台灣經濟體七成的服務業，這無異於把台灣進出口為表現的貿易依賴，進一步拉高到六、七成以上。若是如此，失去經濟自主性的台灣，主權自主性將大幅流失與鬆動，台灣政治自主與主權安全，危殆矣！[3]因此，以「反黑箱」取代「反中國服貿」的提法，實是讓人不敢恭維！明明是一次絕佳機會，可以利用太陽花運動來向廣大青年與社會，發出「中國警醒」的高亢呼聲，最後卻被轉譯成「黑箱國會」的連結警告。

二〇一六年，披戴著「太陽花光環」進入國會的政黨，如果真覺得「黑箱國會」是台灣政治的主要癥結痼疾，試問當年的太陽花光環立委諸公們，為何沒有認真推動讓國會更加「透明化」的各種陽光法案呢？這些「陽光法案」有擺在它們的優先議程當中嗎？還是它們真以為用

3　自從美中貿易戰開打之後，美中脫鉤、美國重返製造業，再加上供應鏈的去風險化等等，台灣製造業也開始回流，從馬英九年代製造業佔台灣 GDP 比重二十五%左右，推升至二〇二二年的三七．七%左右，似乎有「再工業化」的跡象。當然，服務業佔比也就跟著從近七成左右，下跌至 GDP 佔比六十%之譜。

頭上「光環」，便可自動普照立院，帶來國會透明化的春天呢？

「反服貿」的性質質變為「反黑箱」之後，太陽花「大台中心」，又提出「兩岸監督條例」的倡議，希冀先制定「兩岸監督條例」，對未來的各種兩岸協議進行國會與全民監督。事實上，「兩岸監督條例」還是沒有解決，如果是「毒」，經過「監督」還是「毒」的根本問題。換言之，過去的三十年，台灣對意欲侵奪台灣主權的中國，經濟與貿易早已過度依賴與超額開放，各項中國滲透與在地協力者，已然遍佈全台。台灣的問題意識應是如何降低對中國的依賴與開放，如何清除島內的中國滲透，而非「監督」。

不論「反黑箱」抑或「監督條例」，其實都是犯了一個根本問題：把本該是「實質」原則，且不可退讓的問題，轉變成可被討論的「程序」問題。實質性的主張，容易引來各種爭議；但「程序控」即可營造出清新、進步又不沾鍋的自我感覺良好，不用捍衛自身的具體主張，也就毋須面對爭議，果真是「一手摸乳，一手念經」的政客式手法。

當年，「兩岸監督條例」在立院審議之時，已故的前國策顧問黃天麟曾投書報章表達憂慮：「監督條例」若放在改革議程的優先處理清單並迅速給予通過後，無異於架設一個管道程序，會否成為民進黨政府內的「西進派」主動，亦或中國政府以「監督條例」過關再也沒有藉口，而向民進黨施壓必須進一步深化 ECFA（兩岸經濟架構協議）中的服貿與貨貿。

畢竟，根據中國問題專家董立文教授的粗估，當時台灣的上市上櫃公司早已有超過九成是直接或間接投資中國，而中國約略控制或直接影響台灣三分之一的企業、金融與股票。服貿或貨貿在「監督條例」整備之後，會否在經濟跟資本家逼政下，進一步成為被端上檯面的議題，是相當可能之事。

不論如何，面對把台灣侵奪佔領當成其中華民族偉大復興之「核心利益」的中國，「台灣主權問題」是「實質性」的原則前提，不該質變成任何「程序性」過程的問題。望周知！

社會自由化【反剝削】：更解放與自由的社會目標，是「程序性」過程

「社會自由化」所指涉是一項「程序性」的過程，利用鋒利的民主工具，經由結社倡議或者入政參選，把想要達致的更進步社會標準，透由社會倡議、集體行動、議會法案制定等方式，加以實現的過程。畢竟，在民主社會之中，利益多元，彼此之間更存在相互扞格的情形，透由政治說服過程，讓社會大眾接納與確信某一更進步的主張方案，可有效提升集體福祉云云。職是之故，縱使個人認知到某個社會方案，更加符合自身認知與定義下的「進步」，但這並不表示對此方案有疑慮、抑或不贊同者，皆必須被打成「退步」、「保守」與「反動」。

換言之，基進所主張的「社會自由化」，**不是「道德性批判」，而是「批判性道德」**。

所謂「道德性批判」，即是把自身的方案主張，視為具備至高無上的「道德」，而不同的主張或方案，則是道德虧損與不足。否則，政治的不同意見，很容易變成「道德」的相互指控，自身也容易淪為可怕的「道德魔人」或「正義魔人」狀態。例如，台灣中小規模的企業高達九八%，當中包含廣大的「微型企業」，隸屬於「服務業」類別者，更佔有相當高的比例。為了解決台灣工時過長問題，降低工時與增加休假是趨勢，但若變成「給我『兩例』，其餘免談」，否則就是「資進黨」、就是「資本家走狗」，不然就去總統府前「瘋狂淋雨直播搏眼球」，跟你魚死網破到底，這即是罹患了把「程序性」問題，轉移成「實質性」問題的症候。此時，這也是一種把政治「道德化」到無法討論境地的新型態政客操弄法。

中小企業不也是民主社會中的公民嗎？他們的心聲跟想法不該被考慮嗎？服務業中的微型企業，其勞動生態模式，是否符合一刀切的強制性休假方式呢？民主社會中的社會議題之答題過程，若用「道德化政治」的操作手法為之，最終的效果只會凸顯並墊高自身的道德位階，而無助於問題本身的解決。

至於，「批判性道德」，就如同前所提及的美國社會文化理論家 Douglas Kellner 和 Steven Best 的主張一般，清楚地知道民眾「權利」的高低，是社會發展過程中的各種爭取與奮鬥所得，要將自身的主張變成社會可以接受的法律標準或公約規範，那是一個不斷透由行動與倡議的「社會說服」過程。

看圖說故事

★三大基本政治主張

此張圖，將台灣基進的「三大基本政治主張」，以形象化的方式表現出，希冀讀者能輕鬆掌握「三大主張」的各自性質與相互關係。

「**主權自主化**」是台灣共同體的基本前提，是實質性原則，不容討價還價。如同，腳底下踩的就是台灣的土地，一切的努力，即是為了讓該土地上的人、事、物，都能獲得更好的未來。

立基在此實質的「主權自主化」主張之上，有著不同抵抗力與身體素質的人，就像是台灣人民的身體健康一般，意味著「民主」如果像工具，那麼擁有更強健體魄與身體素質者，就猶如有著更好操作與使用的「工具」。圖中最左邊的小人，恰如身染中國病毒般，抗體不足導致民主體質羸弱。

台灣人的體格好、身體素質好，象徵民主工具更好使用，便能藉此好用與管用的工具（好體格），來實現與追求更好的社會目標與社會福祉。此乃表示，「**政治民主化**」是一項工具，必須好好打磨這項工具，使其好用、堪用與管用；如同，好好鍛練身體，不斷提升身體素質，得以有更好的條件打造未來。

據此，圖中的體魄愈好，能抬舉的重量與高度將有所不同。於是，工具愈好（體格愈好），挺舉的重量將愈重、抓舉的高度也愈高，「**社會自由化**」就像是一個「程序性」目標，透由民主工具以民主過程，不斷提升更人性、更解放、更好的社會目標與未來。

總而言之，台灣基進的三個基本核心主張，可以形象化地表達成：立基於「台灣的土地」（主權自主化—實質），讓「台灣人民體格好」（政治民主化—工具），透由「強健體格實現更重更高的抓挺舉」（社會自由化—程序）。

向陳定南基金會的前輩闡述基進理念。

簡言之，上述三大主張，「政治民主化」的核心奧義，即是認知到民主是一項「工具」，所謂「工欲善其事，必先利其器」，不斷打磨拋光民主工具，使其鋒利化，並藉由此工具帶來更完善與美好的台灣。因此，解決讓台灣民主工具鈍化的困擾：外部中國、內部中共代理政黨，以及當前病態的選舉遊戲所造成的「選舉權斲喪」問題，是台灣社會主要任務。

至於，「主權自主化」則是一項「實質」的「台灣民主社會」之所以成立的前提，不容折扣。於是，傷害與鬆動此一標準原則的因素，勢必成為是非對錯的「對立面」，必須被加以否定與排除。最後，「社會自由化」此一主張，象徵著以鋒利化的民主工具，把社會標準逐步往讓台灣人民更為解放與更自由的方向，大力推進的「程序性」主張。

三者各有其特性，但三者也共構成一種對台灣民主國家的幸福未來之想望與願景。以上，乃是所謂「六〇〇」基進套餐組合的基本又進步的內容與營養成份！無論如何，觀諸世界上各民族國家的建國歷程，通常是在該國人民以不屈的昂揚胸膛、不饒的逐夢熱情，並歷經各種挫折打擊而一點一滴築就而成。同樣的，面對偉岸崛起的霸權中國，台灣自主與獨立的路途必定坎坷，也勢必要有一群傲骨硬頸的人民，帶著對台灣國家完成的熱情，持續不懈地向歷史新頁不斷扣邊與拓邊，方有可能。

英國女性歷史學者維羅妮卡・韋奇伍德（C. V. Wedgwood）曾言：「沒有熱情，或許將不會有錯誤，但若沒有熱情，勢必不會有『歷史』」（Without passion there might be no errors, but without passion there would certainly be no history）。[4]

因此，若撇開作者文本脈絡，以抽離方式讀解韋奇伍德此一智慧之言，除了指明歷史研究與書寫，必須銜含著無比熱情，方能從浩瀚歷史之河中點滴爬梳並勾勒出歷史原本的面目之外；這段話語同時也指涉：「歷史」本身的寫就跟打造，更需要一群有熱情的人，方有可能。一群有熱情的青年，是台灣走向新共和與打造一個「活得更像人的國度」之歷史任務中，必備的要件！

在國寶繪師顏振發《鄭南榕》作品前拍攝。圖中李宗霖在太陽花運動後進入基進成為幹部，目前已是台南市東區選出的市議員。

4　維羅妮卡・韋奇伍德（一九一〇—一九九七）是一名英國歷史學家，筆名 C. V. Wedgwood。專精於十七世紀英國與歐洲大陸歷史。她以不到三十歲之齡，便寫就一本討論政治學學者視為是當代民族國家源起〈西發利亞和約〉（Peace of Westphalia）的名著《三十年戰爭》（一九三八年），並因此而聲名大噪。

2018 年全台基進有 12 位伙伴入政參選，當時候入政的主軸是「讓政治可及，讓城市可親」。

CHAPTER

5

通透後的定見：台灣「政治焦慮」的逃逸路線

「定期改選，定期亡國感」的幽靈，早已在每一位珍視台灣本土與台灣民主的人民內心中，現身、遊蕩與徘徊。如何從此一無盡的政治焦慮與心理折磨中逃逸呢？尤其，大多數的市井小民與尋常人等，早已疲於柴米油鹽的日常與生活奔波之中，根本無法緊盯、關心並研究、掌握每一件政治事件的來龍去脈。基於此，記得南宋理學家與教育家朱熹有句做學問時的竅門小撇步，煞是管用：「學須先理會那大底。理會得大底了，將來那裡面小底自然通透。今人卻是理會那大底不得，只去搜尋裡面小小節目。」

換言之，從問題的零碎小節中抽離，從大處根本中把握。對台灣政治癥結進行定性之後，解答便呼之欲出。因此，對於那些無法撥出多餘時間關注政情與瞬息萬變選情的民眾，其行動方案，只消簡單但聰明有意義的投票行為，即可一次次地透由「定期投票」為手段，把台灣更為台灣的方向拉。如此，台灣民主轉型的巴士列車，終將抵達民主鞏固的民主終點站；同樣的，台灣也可一次次地往「國家完成」的想望彼岸逼近。底下，將針對幾項常見疑問進行解題，並利用題解過程中，進一步勾勒出所謂簡單、聰明卻有意義的行動：一種翻轉「定期改選，定期亡國感」，並轉化成「定期改選，定期變好」的快樂希望帖方。

最後，希冀透由底下幾個常見的質問與回答，將潛藏於小民們內心，並阻礙我等做出改變的心魔，徹底地祭改與超拔。對台灣政治結構癥結有著通透般的瞭解與掌握之後，一種具備傲骨精神的自主台灣公民之「政治定見」，便會油然而生。正是這份定見，讓我等可以自信且勇敢地站在前頭，大聲地說出：我們執著的是台灣，不是民進黨。不問民進黨為台灣做什麼，只問我們可以為台灣做什麼——畢竟，「自己國家自己救」啦！組建台灣民主屋頂另一端架構支撐的「本土在野監督政黨」，以實現台灣「民主鞏固」，就是吾輩可為台灣所做的事啦！

Q1：中國國民黨還沒倒之前，不該支持「本土小黨」？

A：這其實是一個陷自身於弔詭與矛盾的提問。提問本身，應是期待中國國民黨能倒閉，但問題是所謂「國民黨要倒」，究竟如何倒呢？台灣沒有德國二戰後的那種「違憲政黨」審查，可以把納粹式政黨給解體關門；同時，縱使民進黨全面執政，也沒有這樣的政治能量與政治意願，膽敢宣告中國國民黨為非法政黨。

因此，要讓中國國民黨躺平在歷史博物館以供後人研究，唯一的方法，就只能透由選舉制度，一次次地讓中國國民黨愈加萎縮，直至經營不下去而高唱熄燈號。要讓此一過程開始啟動，首先即要讓選民在「『喜新厭舊』時刻」來臨而投不下民進黨之時，有「替代選項」可投。換句話說，也就是讓另一個擁有主體性的堅定本土小黨能夠真正存活，然後透由上一章所提出的「定食理論」的操作進展，緩慢地讓「五〇〇」與「六〇〇」價位的套餐組互動，把台灣政治光譜往更為台灣的方向拉，同時，讓光譜親中那端價位的政黨逐步乏人問津。

誠如前面章節的內文分析，一九九〇年代民主改革進展迅速，乃是李登輝借用彼時活躍與激越的民進黨衝撞力道，一邊回頭壓制黨內深藍大中國派的反動勢頭，另一邊則推動本土化與民主化的前進。同樣的道理，若要讓當前中國國民黨消微，就得仿效李登輝借力使力地以外部民進黨力道，來彈壓與邊緣化一九九〇年代力阻台灣民主進程的反動深藍權貴的策略。如今，民進黨為了勝選，盡量把某些尚未完成的台灣理想擱置，抑或盡量迴避爭議性高的政治議題，主因乃是，民進黨如果是一九九〇年代李登輝所執掌本土化中的國民黨角色，那麼當時候民進黨的角色卻早已懸缺無人擔綱。因此，讓一支活躍、相較激越、有主體性的堅定本土小黨存活，扮演宛如「六〇〇」定食價位職能，不僅能讓台灣政治改革動能，朝向讓台灣更為台灣的方向挺進，也可以此動能讓中國國民黨繼續邊緣化與弱化。先讓中國國民黨萎縮，然後再進一步助它關上熄燈號。

簡言之，要讓國民黨躺平歷史博物館而倒，就得先催生出一支更為本土在野監督的小黨，否則一直讓國民黨扮演主要在野黨角色，就是國民黨永遠不會倒的保證，而且還會在人民「『喜新厭舊』時刻」來臨之際，一舉班師回朝，造成威權復辟並引中國狼入室啊！

Q2：「本土小黨」在台灣沒有生存空間？

A：記得，在中國國民黨威權年代當中，不要說真正在野小黨的存在，連身為個別的異議份子或文人，都隨時得失去人身自由。彼時，台灣的先輩們，問的不是「小黨」有沒有生存空間，在意的不是「人身自由」甚至「生命」的失去，他們只知道讓台灣民主，讓台灣獨立，是他們可以為下一代人所留下的；於是，他們開始用青春、用熱情、用自由、甚至生命去衝撞，慢慢地集結成中國國民黨之外的「黨外」。

就這樣，令人窒息的中國國民黨威權政體，慢慢地被撬開一個角落、兩個角落……終於迎來一九九〇年代台灣本土化與民主化的歷史篇章，並寫就一齣不以砍掉重練式的革命推翻，而是較為平和的民主轉型路徑作為表現的「寧靜革命」。推動上一代人前仆後繼地向那個密不透風的威權體制挑戰的動力，首先是因為會成功；抑或是因為，「威權獨裁本就該被推翻」的那一份理想所催動的呢？

陪同基進候選人陳嘉伶車掃一景。

同樣的，如果第一次的「寧靜革命」推動了民主巴士列車開始遠離「威權巴士站」的民主轉型；那麼，民主轉型的下一步──「民主鞏固」，以讓民主成為台灣人民的生活日常，就必須透由「二次『寧靜革命』」來完成。試問，如果前輩們拚死完成了他們那一代人的「民主轉型」歷史任務；那麼，吾輩難道真的敢大聲說「本土小黨沒空間啦」、「很困難啦」……各種藉口來推卸我們這一代人的歷史責任與任務嗎？

築就一個堅定本土在野監督的小黨，並組建出一種由民進黨與堅定本土在野監督政治隊伍所共構的「雙本土政黨競爭引擎格局」，以推動台灣「民主鞏固」的完成，這首先不是「實然」與否，而是「應然」的問題。不是能不能成功，而是此乃吾輩對下一世代的責任允諾。

況且，武斷地宣稱「本土小黨」沒有空間之時，某種程度也是一種自以為是且自大地看輕與鄙視台灣人民的想法。「人」是有思想的、有能動性的，台灣人民也不例外。政治之所以可以成為推進歷史進程的改革工具，正因其是由「真正有情感與思想的人」，而非「人礦」或「韭菜」所構成與決定。

當然，此種率爾斷言，也意味著，台灣的前行路上，首先遇到最大的阻礙並非事情本身的難度，而是一種內建於台灣社會中的「潑冷水」、「冷嘲熱諷」、「只有錦上添花沒有雪中送炭」的劣根慣習。如同，筆者打從

2016 年之後，全台各地陸續成立「基進之友」。圖中是新竹「基進之友」的演講活動。

二〇一三年回台，並以青年為核心組建「基進」伊始，最常遇到的即是不斷從空中飛潑而來的冷水啊。此種寄生在小民身心靈中的「後威權」黨國文化，其表現形式往往是一種「華、儒、奴」的思想與文化劣根慣性。

不過，筆者並非以一種盲目「樂觀主義」的大麻，以為自我催眠；在台灣，我等深諳本土小黨的組建道路，勢必異常艱辛。領導學中有一概念「思塔戴爾弔詭」（Stockdale Paradox），是區別「信念」與「盲目樂觀主義」的最佳故事。故事始於美國越戰期間，曾被越共俘擄的思塔戴爾（James Bond Stockdale）是身為飛行官的海軍中將，歷經七、八年戰俘生涯後，終於獲釋回到美國。後來，思塔戴爾將軍在作家的訪談中被問到：為何他能活著走出監獄呢?思塔戴爾將軍答道：因為他非常堅信可以活著走出監獄。作家緊接著問道：那麼又是什麼樣的人無法活著出來呢?將軍說，就是那些「樂觀主義者」、「樂天派」的人。

對此，作家聽來深覺矛盾。於是，思塔戴爾解釋說：這給人一個很深刻的教訓，就是決不能失去必勝的信念，但請不要將「必勝的信念」與「所面對的殘酷的現實」混為一談（You must never confuse faith that you will prevail in the end—which you can never afford to lose—with the discipline to confront the most brutal facts of your current reality, whatever they might be）。換句話說，不能因為相信終將脫困，就失去紀律；一切的起點，都來自於殘酷無情的現實。

對下一代人的責任允諾，是吾輩此代人的歷史任務；這是一種「信念」的追求，而不是「盲目樂觀主義」。誠如英國文化批判大家 Raymond Williams 的名言：「真正的『基進』乃是『讓希望成為可能』，而非『讓絕望成為可信』！」

Q3：本土獨派政黨進入「中華民國體制」，立即會被體制吸收，並成爲體制一部份。如何能改變「中華民國」體制呢？

A：細究台灣民主化與本土化奠基者──李登輝前總統的「寧靜革命」，其民主化的轉型推動，即是就地讓外來殖民性格的中國國民黨進行本土化洗禮，成為民主政體雙政黨競爭中的一支；至於，本土化則是透由在地人民普選的方式，讓中華民國得以逐步『大政奉還』台灣。

然而，隨著二〇〇〇年李登輝前總統離開國民黨，台灣的民主化與本土化進程，其實受到反挫而停滯。最重要的表現是，二〇〇〇年台灣政局進入「藍綠」的顏色格局，主要源自於中國國民黨開始接受蘇起杜撰出的「九二共識」，釋放出進一步向中國傾斜的政治訊號。為了，重新啟動台灣民主深化工程，以及中華民國『大政奉還』台灣的進程，第二支本土在野監督隊伍的組建，也就成了「二次寧靜革命」的重要關鍵。

事實上，堅定本土在野監督政治隊伍的組建與入政，其實是一種所謂「騰籠換鳥」的政略實踐，跟李登輝前總統對「中華民國」與「中國國民黨」進行本土化處置的思維，有著異曲同工之妙。根據，日本產經新聞前台北支局長河崎真澄的《李登輝秘錄》一書所述，李前總統以日本京都學派哲學大家西田幾多郎的「**磨合平衡**（aufheben，日本翻譯成『止揚』）」，在「民主化的正常國家」的理想與現實上「由國民黨獨裁政權導致的不健全國家」的乖離之間「磨和平衡」，並嘗試從無形枷鎖的「國民黨」與「中華思想」的虛構與束縛之中，建造完成「台灣」作為穩定國家的狀態。河崎真澄書中所指的「磨合平衡」，其實就是後來翻譯成「超克」（即黑格爾哲學中的「揚棄」概念）此一概念之意。

回到現實政治，經過多年的選舉實踐，台灣人民對以選票進行政經資源分配的權力輪替，早已宛如社會公約數般得到社會認可。但打從筆者組建「基進」伊始，以「入政」形式進行台灣政治體制改革與內造路徑之時，即有許多此乃進入「華國選舉體制」，進而被體制吸收的質疑存在。然而，此一質疑主要是對何謂「體制」，採取靜態與僵化的認識所致。

其實，所謂「華國體制」的問題，主要在於「華國」的屬性，而非「體制」的框架；換言之，如果屬性指的是「內容物」，那麼透由內容物的性質轉換過程，其實也就產生了「體制」性質的轉變。例如，關狗的框架是狗籠、關豬的框架是豬圈，那麼進行內容物性質的置換，則外在的框架便會產生進一步的質變。再者，果若另一支內建「國民黨不倒，台灣不會好」與「台灣是台灣人民國家」的本土政治隊伍可以在「華國體制」之下持續壯大，這其實也意味著，所謂「華國體制」早就不斷在被放寬的過程中，致使其原初性質也一點一滴跟著轉變了。

因此，催生組建另一支堅定本土的政治隊伍，進而把在台灣民主體制的鳥籠之中那隻大中國鳥給逐步移除，並漸進置放入另一隻台灣鳥，一旦鳥籠內主要的兩隻鳥是「民進鳥」跟「基進鳥」，此鳥籠體制，亦就會成為所謂「台灣本土體制」。此一置換過程，即是所謂的「騰籠換鳥」政略。此政略術語，乃挪借自中國經濟發展過程中，把現有的傳統製造業從目前產業基地「轉移出去」，再把「高新科技」轉移進來，以實現就地經濟轉型與產業升級的思維想法。是故，將籠子裡的中國爛鳥（中國國民黨）逐步騰出丟棄，放進新的台灣基進鳥，裡頭的「鳥」（內容物），將決定「籠子」的屬性，而原本的「華國 ROC」體制，也就產生了性質的轉變。

長期以來，許多台灣人民一直期待能「消滅國民黨」，以及打倒「華國 ROC」體制，但大多只停留於想望的階段。然而，透由第二支更為堅定的本土在野監督隊伍的催生戰略過程，即是在逐步推進「消滅國民黨」與「揚棄華國 ROC 體制」的轉骨換血。唯有在中國國民黨不斷弱化的過程之中，同時讓另一支更堅定本土的在野政黨徐緩壯大，一消一長之間，意味著台灣國民身份認同正在不斷確認與強化。如此，不僅國號更動、制定新憲、甚至尋求國際承認的政治意志……等等，都將自然而然地水到渠成。

當定期投票作為表達與宣洩不滿，並逐步成為台灣社會慣習之後，以革命式的整個砍掉重練乃是「外部批判」的路徑，已經難以獲得社會認可與共鳴；那麼，採取「內部解構」手法，並讓現有體制就地「量變到質變」，是當前可欲與可及的手段啊！

Q4：本土小黨會不會搶了民進黨的票呢？

A：每當選舉到來，捍衛「本土政權」是每一位心心念念台灣的小民們，內心最為焦慮與煩躁的事。誠如前面章節所述，其實沒有實現由兩個雙本土政黨競爭的格局，「民主鞏固」根本無法兌現，則小民們的焦慮煩躁將隨著定期改選，而定期發作。

為此，台灣人民必須重新體認到，台灣最需要捍衛的是「本土政體」，也就是「本土政治民主體制」，方能一勞永逸地解除隨著定期選舉，而將定期發作的亡國焦慮與煩躁。換言之，台灣當前最重要的「民主任務」——「本土政體」的捍衛，就是利用一次次的選舉，盡量實現以下輕重緩急的目標：

一、確保本土總統執政【確保唯一具備治理能力與人力的本土大黨民進黨的總統勝選】；

二、確保本土在野監督小黨存活【讓目前唯一的堅定本土在野政黨台灣基進，能夠通過5%的政黨票門檻存活下來，並站上歷史舞台】；

三、實現本土國會【盡量實現民進與基進雙本土政治聯盟在國會過半】；

四、實現本土國會雙黨團【進一步讓國會有民進黨與台灣基進雙本土黨團】。

本書的主要目的，即是分享一種從掌握自身焦慮與困擾的來源，進行客觀分析，隨著剖析的不斷深入，解答便會逐步清晰。一旦答案的面目與輪廓漸次浮現，便能確認行動的總目標。進而，以總目標實現的程度，便能制定出優先次序的小目標；屆時，能做的即是就按部就地把優先次序的小目標，陸陸續續地給完成。如此，才是一種具備自主性與獨立性的現代台灣公民，不僅可以更加果斷地拒斥政客的「定期情勒」，更可以清晰地用自主與獨立的公民性，引領台灣政治與那批只會跟隨人民尾巴的政客，往公民所期待的方向前行。

認識問題的真正本質後，便知道本土小黨台灣基進不是搶票，而按上次已有三%多政黨票，只消再挹注給予一%多一點，國會至少會多增兩席甚至以上的堅定本土國會議員。退一萬步來說，設若這一%多一點全部是從民進黨的政黨票轉移而來，那麼這頂多會讓民進黨掉一席不分區，但立即會增加兩席戰鬥力爆表的基進立委。一來一回之間，本土國會議員總席次不僅會增加，且會擁有兩枚以上力抗國民黨與民眾黨的戰鬥型立委。作為真正的台灣自主公民，哪一種才是讓台灣變更好的台灣大局，哪一種才是搶票，難道不清楚嗎？

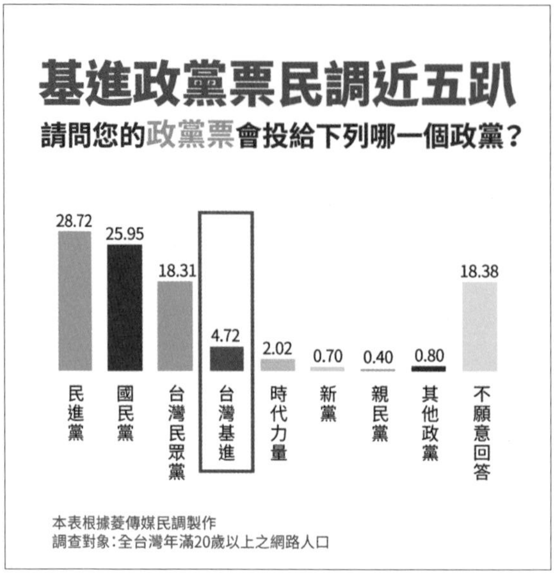

基進政黨票民調近五趴

請問您的政黨票會投給下列哪一個政黨？

民進黨	國民黨	台灣民眾黨	台灣基進	時代力量	新黨	親民黨	其他政黨	不願意回答
28.72	25.95	18.31	4.72	2.02	0.70	0.40	0.80	18.38

本表根據菱傳媒民調製作
調查對象：全台灣年滿20歲以上之網路人口

本圖製作：根據《菱傳媒》民調由台灣基進製作。

在本書完稿付梓前，《菱傳媒》恰好發佈其委託皮爾森數據公司所進行的民調。當中台灣基進政黨票，已相當接近五％門檻。前面所言再挹注一趴多給本土堅定小黨，打下本土民主屋頂的第二個支架以實現台灣「民主鞏固」，是可欲且可及之事。至於，《菱傳媒》民調的準度，在二〇二二年台灣基進的議員參選中，即有某種程度的應證。當時，《菱傳媒》民調中凡是基進政黨支持度較為拔尖的地區，開票結果就愈好。果然，高雄市三民區與台南市東區是基進政黨支持度的一、二名，最後即是這兩區當選。

Q5：藍綠之外，這麼多「第三勢力」，怎麼選擇呢？

A：台灣很喜歡「第三勢力」這個名詞，尤其柯文哲民眾黨與時代力量，常用「第三勢力」自我標榜。事實上，此一名稱，意味著台灣在「藍綠」兩黨之外，即是「第三勢力」。此一用法，除了隱含對兩黨壟斷台灣政治的不滿之外，其實也包藏著「藍綠一樣爛」的內涵。進一步，藍綠外的「第三勢力」，似乎就是監督兩個爛蘋果的好蘋果之意。

然而，此種所謂「第三勢力」說法的最大弊病，即是在前提上把扮演中國侵奪台灣主權內應，宛如中共在台紅色代理政黨─中國國民黨的「毒蘋果」特性，偷渡成「爛蘋果」，並進而肯認其存在於台灣政界的正當性。事實上，藍綠不是兩顆爛蘋果的意思，藍綠的區別首先在於

「非本土與本土」的問題；而此種本土與非本土政黨的競爭，勢必是悲劇的循環。直言之，國民黨乃毒蘋果，本不該具備參政資格；但「第三勢力」的說法，也就等同於肯認了中國國民黨存在於台灣社會的正當性囉。

職是之故，誠如本書意欲揭露與傳達的核心要旨：台灣需要的不是另一支「第三勢力」小黨，台灣需要的是能解決當前政治癥結與困擾的需求——更堅定與更本土的在野監督小黨。唯有如此，台灣民主鞏固難題，方能有解。若台灣自主公民能有此清晰想法時，面對所謂「第三勢力」小黨群，抉擇會困難嗎？

Q6：讓另一個本土小黨跟民進黨競爭，時間會不會太早了？

A：此問題，某種程度也是一種政客「情緒勒索」的偽命題。事實上，誠如前面第四道Q&A，其實用打死不退的五%鐵桿政黨票，以護持一支堅定本土政治隊伍的存活，是解決當前台灣民主結構難題之必要條件。

如果捍衛「本土政體」是台灣大局，在當前的選舉遊戲規則的制約之下，民進黨主要競逐的是區域型立委，那麼，另一支本土堅定政治隊伍，則主要得依靠政黨票的不分區立委來呵護催生。這二者，選票競爭與重疊部分，主要會在「政黨票」。區域投回應選民需求最前線的「務實本土」，不分區投國政願景擘劃主導的「理念本土」，兩種雙本土，宛如是台灣的肉體與靈魂。務實本土是台灣肉體，理念本土即是台灣靈魂。過早競爭，根本是假命題。

再者，如果沒有把更具理念與優質的本土立委送進國會，便無法提醒眾多「務實本土」立委得時時保持其本土的初衷。試看現今多少民進黨區域立委，根本是在敗壞「本土」此一招牌形象。畢竟，在當前單一選區的選舉遊戲中，許多本該「務實本土」的立委，早就跟地方國民黨服務型立委沒有任何差異。此乃為何，在台灣基層，有越來越多民眾真的會對「藍綠一樣爛」的說法有所感啊。如同在一個班級裡頭，中國國民黨是壞學生，民進黨的確是比較好的學生；但久而久之，好學生就慢慢染上了壞學生的惡習；尤其，壞學生有個富有的紅爸爸，常也會帶頭來班級灑錢、干預、介入、使壞與搗亂。要讓好學生變好不那麼快沾染壞學生惡習，就必須在好學生之中，置放入更多有紀律的好學生，不是嗎？

Q7：本土小黨青年選「里長」即可，其餘讓給民進黨，這是好分工？

A：某種程度，這也是某些想要壟斷政治的政客，為避免更多優質本土青年競爭的「話術」。如果期待未來能結出「民主鞏固」的善果，以此解決台灣民主轉型的難題；那麼，催生民進黨之外的堅定本土在野小黨，就是在今日種下善因的舉措表現。

台灣的里長，究竟是最基層的民代，抑或是扮演政府治理的「行政最末端」，其實是相當有趣的課題。事實上，由於台灣人口長期往大台北地區集中，許多中南部的里長日常，不只得處理社區老人關懷、獨居老人送餐，更得面對鄰里內的家庭糾紛，甚至老夫妻家庭失和的棘手狀況。類似此種里長日常，其實由具備更多社會經驗與成熟性格的中年人來居中處理，相較起社會經驗較不足的年輕人，會更為適合與恰當。

再者，姑不論「單一選區」的里長選舉，其規模是鄰里微型小選區，人情羈絆與社會關係連帶更加濃稠，不利青年參選。由於，處於行政最基層的里長，在台灣過去政治發展的脈絡下，常淪為國民黨的「地方樁腳」，成為國民黨不倒的重要根基。因此，早在多年前即有鼓勵青年回鄉選里長以「翻轉基層」的提議。然而，真要打破「政治」到了基層就「不問價值，只問人情」的狀況，並導致國民黨根基得以牢牢鑲嵌與寄生在民間基層，是有更好的做法的。

首先，隨著都市化程度的提升，鄰里間的熟悉度與心理距離，益發遙遠。因此，里長跟里民的熟悉度，可能遠比「集合式住宅」內的大樓社區住戶，更為遙遠無涉。是故，要「翻轉基層」的民主實踐，介入並參與「社區大樓管委會」，使其更加活潑與活躍地把社區大樓的住民團結在一起，其實也可達到藉由參選里長來達致「翻轉基層」的用意。設想一下，透由集合式住宅中的青年住戶，把集合式住宅翻轉成一個民主實踐的結社團體，難道不是更加可欲與可及的嗎？

此外，「里」的概念，依舊是附著於具體化的「地理」領域。然而，究觀「社區」此一英文字「community」，其實還有另一層意涵，即不以所謂具體化的「地理」為界，而是以非地理實體的「社群」為表現之範疇。因此，隨著現代化的進展，帶來各種有機「社群」團體與連帶，此些「社群」結合，對人的影響一點都不輸鄰里「社區」中的里長。譬如，各類當代公民結社的「社群」參與，不只讓民眾可以透由參與該結社而習得民主技藝，也可進一步把該公民結社打造成對政治有影響力的團體。只要公民結社拋棄過度的政治潔癖，公民結社難道不能取代「傳統里長」，進一步成為能影響政治的「有力樁腳」嗎？以上的「community」（社群結社）的參與模式，難道不是更適合青年人實踐「翻轉基層」的期待嗎？

2022 年，台灣基進議員入政的口號是「咱的台灣，基進監工；咱的城市，基進監工」。讓青年人實踐「翻轉基層」的期待

事實上，若要築就台灣民主屋頂的在野本土支柱，在國會議員的「單一選區兩票制」選舉遊戲中，透由「政黨票」來催生第二支本土政治隊伍，是主要的可操作路徑。只要五%以上政黨票，讓真正堅定的本土在野政治隊伍誕生並存活，是實現未來「民主鞏固」的必備要件。此外，這支政治隊伍必須訓練與培養出一群擁有政治分析、政治處理，以及治理相關能力與政治品格的青年團隊；為此，此一青年團隊將著重專攻擁有複數選席的「地方議員」選舉。

直言之，堅定本土在野監督隊伍的存活路徑，即是讓其擁有打死不退的鐵桿五%的政黨票，換取進入國會的機會而存活。那麼，這支政治隊伍利用鐵桿五%以上所抵換的席次，提供黨內青年的國會磨練機會，同時也在國會進行本土在野監督，左邊痛擊中共紅色代理政黨的扯後腿，右邊監督提醒本土民進黨不能因為選舉而不斷溫吞、不斷向現實妥協，而失去改革理念。

在取得鐵桿五%的政黨支持度為基底而存活下來之後，進而主攻複數選席的地方議員，並利用議員與公費助理，養成更多的年輕政治工作者。緊接著，此一本土在野監督政黨便可進入高原期，但我們不尋求快速擴張，而是踏實地以十—十五年的時間為養成準備期，為台灣社會養成並培訓出一支擁有「政治能力與治理能力」的龐大政治人才隊伍。如此一來，一旦台灣「『喜新厭舊』時刻」再度來臨，台灣人民想換人做做看的癮頭再度復發之時，必須要有一支隊伍跟人民說：本土民進套餐吃膩了，那就改吃本土基進套餐吧！否則，縱使本土民進是「法式料理」，每天吃也會膩，甚至膩到感性凌駕理性，連有害的地溝油或檳榔料理，都會囫圇吞棗地嚥下哩。

Q8：本土小黨如何不變質，民進黨很多民代也都變質了啊？

A：事實上，原本可敬的政治人物，變質為令人厭惡的政客，除了某些自身品格即有缺陷之外，變質的主因，並非這些政客本質上即是惡劣的「歹咖」。「存在決定意識」，政治人物怎麼當選，大概率就會決定其會扮演什麼樣的民代。

倚靠服務、紅白帖或樁腳利益當選，則當選之後勢必不斷服務、跑紅白帖與鞏固樁腳利益。如果，花大錢是政客當選的基本門檻，那麼耗費大錢當選的民代，首先得考慮的便是，如何在任內把下次得耗費的大錢給賺回來。當前，許多政客的參選經費比起擔任議員的合法收入更高額之時，這些議員民代當然就得將主要心思放在民代的「業外收入」與「灰色收入」上頭。變質，早就在政客如何當選的存在基礎上，就已經決定了。

台灣基進會一直強調「堅定本土」，這除了是回應人民對本土理念的需求之外；某種程度，更是要讓基進的年輕參選人主要是透過「**理念**」而當選，如此，將可以用「存在決定意識」的定律，讓該議員「服務理念」的同時，就是「服務選票」。此種當選模式下的民代議員，其「保鮮期限」勢必就會變得比較長。

大家想必知道「孟母三遷」的故事，如同許多家長希望住在好學區附近，讓自身小孩可以擁有較好的學習環境與氛圍，希冀以此感染自家小孩成為樂於向學的好學生。共聚在台灣基進

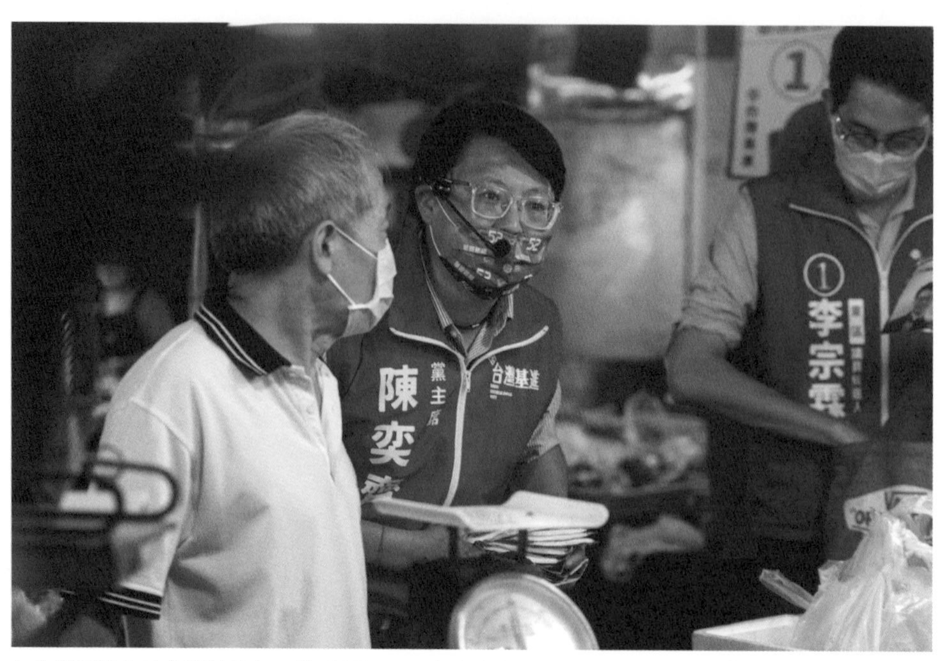

在台灣基進入政參選的青年，幾乎都是平凡家庭出身子女，大多都是經由「理念」論述的號召，點滴集結而成。

入政參選的青年，幾乎都是平凡家庭出身子女，大多都是透由「理念」論述的號召，一點一滴集結而成的基進青年。因理念號召而集結的基進青年，除了有比較高的理想性之外，多是出身平凡，沒有花大錢入政選舉的本事可能，於是，基進的參選模式就是採取一種「**集體黨公費**」的參選模式。換言之，基進入政青年，基本上毋須拿自家的錢出來參選，而主要是由政黨進行集體小額募款，募款多少就花費多少來參選。

台灣主流政黨的參選，幾乎都是個人主義式或個體戶式的模式。此套路即由個人去張羅競選經費、去籌組競選團隊、去擬定參選政綱與政見。但基進採取的是一種「中央廚房」的模式，以降低個體戶加盟店的參選與弊病。之所以

採用毋須自掏腰包來籌措主要參選經費、提供「中央廚房」式的競選後勤以及毋須花大錢式的選舉開銷等模式，就是為了打造一個「**相較不容易變質**」的環境與條件，那麼，在此環境跟條件下當選的基進議員，其品質保鮮期限當然就會比其他政黨的政客，更為持久與新鮮！

大多數的「政治變質」，主要不是政客自身的道德或品格問題；而是在於該枚政客誕生的環境與條件問題！台灣基進的政治實踐，不只是為了築就台灣本土民主屋頂的另一根支柱而已，我們實踐的路徑本身，就已經希望創造一種新的政治實驗與嘗試。

Q9：沒有英雄偶像般的政治明星，根本無法引起關注？

A：台灣「民主鞏固」遲遲無法完成的難題，必須倚賴雙本土政黨競爭的格局打造，方有可能一勞永逸地解決。然而，觀諸台灣當下的政治環境與條件，是非常不利於「小黨」存活的。有幸的是，歷史眷顧台灣，讓台灣社會歷經馬英九的瘋狂與過度親中之際，宛如反作用力一般地激起二〇一三年之後的各類青年公民運動與太陽花運動，並意外地撬起台灣政治的一角，而迎來歷史性的「組黨時刻」。

我們無法期待每一次幸運女神都會照看台灣，一旦讓「組黨時刻」所帶來的契機流失，那麼，下次的「組黨時刻」可能得再等數十年之後了。難道，在這數十年之間，我們得不斷重複

「定期改選，定期亡國感」的躁鬱焦慮嗎？因此，筆者深刻地瞭解到，此次組建堅定本土在野政治隊伍的任務，只許成功，不能失敗。

事實上，打從著手組建堅定本土政治隊伍伊始，即面臨各種意想不到且光怪陸離的黨國「華儒奴」文化劣根性的騷擾：不論是表現在「潑冷水」、「錦上添花者眾，雪中送炭者寡」，抑或「偶像追星崇拜」、「西瓜偎大邊」、「見風駛舵」、「人云亦云」以及「自我中心的巨嬰症候」……等等。於是，為了能克服這些「華儒奴」文化劣根性帶來的各種挑戰阻礙，打造一個不以個人政治明星為中心的「政黨」，捨棄快速成長的「明星加盟組合」形式，以緩慢卻穩健的「**政黨價值直營**」模式，就成為基進此一堅定本土小黨組建所採取的路徑。

儘管第一代基進青年幾乎都參與過太陽花運動，但台北太陽花運動的「大台主場」中所誕生的政治新星，幾乎吸納全台主流媒體鎂光燈，以及社會大眾崇拜與期待眼神，當時基進青年也曾對堅定本土理念的基進道路，產生自我質疑。當時候，筆者向基進青年說，「偶像明星加盟組合」很快可以圈粉並聚攏成黨，但是只要「偶像單飛」，偶像團體即有裂解走入歷史之虞。

「政黨價值直營」的路徑，雖緩慢，但穩健；畢竟，若錯過此次催生另一支更堅定與更本土政黨的契機，那麼，民主果陀可能難以再來。事實上，若按政黨組成的原則來看，通常可區分為「**掮客型政黨**」（broker parties）與「**使命型政黨**」（missionary party）兩種類型。儘管，掮客型政黨也會在口頭上標榜若干政治原則，但此些原則幾乎是空洞而曖昧，並可按自身需求而給予不同解釋。同時，掮客黨對「原則」不甚重視，甚至會吸納各種互斥的利益和意識型態為其訴求，因為該政黨主要目的在贏取大選中的勝利。

至於，「使命型政黨」較為側重與強調宣揚「主義」跟「理念」。組黨的主要目標，是召喚更多認同其價值理念者，不僅僅只在意選票以贏得選舉。雖然，以上兩種政黨型式，是所謂「理想狀態類型」（ideal type）的歸類，但依舊可以發現，太陽花運動之後組黨時刻下的所謂「第三勢力」小黨，除了台灣基進之外，清一色幾乎都傾向於「掮客型政黨」的類型。

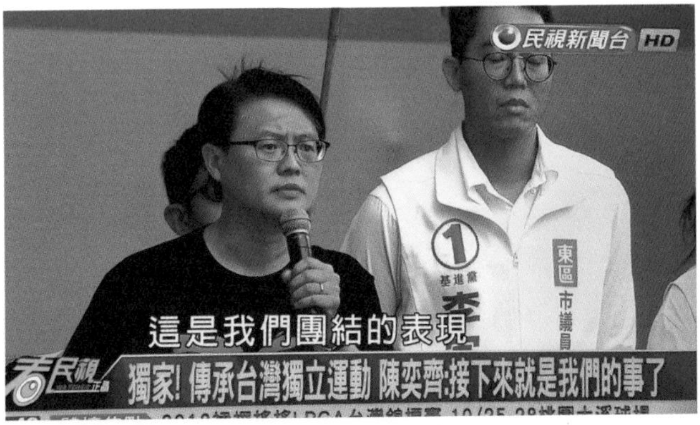

新聞報導基進的精神：傳承台灣獨立運動。

民眾黨作為掮客黨經典款，從其所謂『核心價值』的包裝手法，即可輕易知曉。記得，筆者二〇二〇年選舉前夕，曾跟某位民眾黨不分區立委參選人在談話性節目中同台，主持人問及各黨理念之時，民眾黨的代表說出「民眾黨的核心價值就是『實踐』」此種廢話。頓時，個人陷入一種中國網路用語「一臉矇逼」的「黑人問號」表情中；畢竟，如果不同政黨間的「理念」或「核心價值」，類比成各式料理的美味比拚，當然得經過「吃」的動作，才能讓味覺得以進行最終的斷定與評價。民眾黨的核心理念就是「實踐」，根本就是廢話，因為理念沒有經過實踐，怎麼落實兌現呢？料理沒有入口品嚐，怎知道能否勾起味蕾的共鳴呢？民眾黨的「核心價值」，就像是有人問「想吃什麼」，結果，對方回答：「吃」！

後來，再度遇到幾位柯粉，他們則異口同聲地認為柯文哲的理念就是「心存善念，盡力而為」。此時，筆者再度陷入「黑人問號」的矇逼狀態中；畢竟，這不是從小就該培養的做人做事之基本道理嗎？「心存歹念，敷衍塞責」根本連做人都不及格，遑論當政治人物呢？後來，筆者訪問的柯粉又說，柯文哲最令人感動的是「不會貪污」，此時又再度陷入腦阻塞狀態中。「貪污」不是犯法的嗎？如果陳奕齊出來參選，高喊「我絕不殺人放火」，這樣不是很可恥腦殘嗎？法律作為道德最低標，是基礎社會規範公約，這竟然可以成為「好棒棒」的標榜？後來才知道，切忌跟口號空洞、論述曖昧的掮客型政黨認真；畢竟，那會很傷腦的啊！

台灣基進選擇類似「使命型政黨」的模式，以「政黨價值直營」的困難路徑為出發，主要是希冀透由緩步成長的過程，一方面可讓青年擁有更充裕時間，進行各項能力的養成，而不是不負責任把青年給「揠苗助長」之外；另一方面則是認識到，台灣當前需要的是一個能負重扛起的「政治團隊」，一支在民進黨之外的「本土在野監督」的「政治隊伍」，而不是少數秀異出眾的「政治明星」。

由於，台灣人民長期深受「華儒奴」黨國文化劣根性的影響，對少數亮眼的政治明星，往往有著一種個人英雄主義式的崇拜與著迷。誠如，台灣人民只知道來自中國古代「后羿射日」

的英雄故事，但卻渾然不知，在台灣土地上的泰雅族原住民，即有一個更為感動人的「揹子射日」傳說。故事中說，天上兩個太陽輪流照耀，導致大地乾枯，寸草不生；於是三位原住民勇士各自揹著嬰孩出發，往太陽彼處不斷逼近。三位勇士慢慢老死，而嬰孩則成長為新的勇士，繼續著前人的步伐道路。直到有一天，三位新一代的勇者抵達太陽彼端，射下其中一個太陽。那被射中的太陽，便成了月亮，併散出來的血滴，則幻化成天上繁星。

同樣都是「射日傳說」，「后羿射日」所歌頌的是己願他力的「英雄崇拜」；但「揹子射日」所傳達的卻是「代代接力傳承」的意涵，如同過往本土前輩最常掛在嘴邊的：「番薯不怕落土爛，只求枝葉代代湠」。深諳中國的「后羿射日」，忘卻台灣土地上的「揹子射日」，其實就是中華天朝主義與英雄主義的遺毒表現。

對筆者而言，台灣「國家完成」是一項亟需代代接力才能完成的歷史任務；既是如此，這支將為台灣撐起民主屋頂的第二根本土支撐柱，以完成台

應邀客串《國際橋牌社》的一角。劇情是李前總統去康乃爾演講，海外台獨聯盟前輩莊秋雄站起來問李前總統問題。莊秋雄是吳音寧的舅舅，已經於近年辭世。

灣民主鞏固，並由此把台灣拉往更貼近「國家完成」彼岸的隊伍，勢必穩定踏實地前行，而非投機式躁進。寧可選擇徐緩前行、樸實綻放的穩健，而不願意追求絢爛但卻只有一瞬的炫目煙火。因為，這次的本土在野監督政黨的組建，沒有失敗的條件啊！若錯過此次，何時再能有歷史性的組黨契機呢？

Q10：很多評論家認爲習近平大概率不敢打台灣，若常提醒台海戰爭風險，會否讓人民陷入戰爭的恐慌之中呢？

A：評論家可以作出習近平大概率不會打的判斷，但政治家則不行；畢竟，不怕一萬只怕萬一，只要概率風險仍在，就得做出相應的準備。誠如，今年四月底，世界台灣人大會所主辦的「海內外台灣國是會議」中，美國白宮前國家安全顧問波頓大使（Ambassador John Bolton）發表「台灣如何維持長久和平與安全」（Maintaining Long-term Peace and Security for Taiwan）的演講中提及：「台灣的存在，對中國就是挑釁。只要『台灣每天早上一睜眼，就傷害了中國的感情。』（Every morning when Taiwan wakes up, Beijing is offended）。沒有什麼對中國不構成挑釁的。」

該次演講的最後結尾，波頓引用美國前國防部長倫斯斐（Donald Rumsfeld）的話說：「保有力量並非挑釁，示弱才真正是挑釁」（Strength is not provocative. Weakness is provocative），並以美國前總統雷根為結論說道：「保有和平的最短道路就是強化力量」（The best way to preserve peace is through strength）。換言之，如果台灣無所事事、不積極備戰，那麼無異是送給習近平一張「入侵邀請函」。此乃意味著，縱使習近平可能因忌憚而不敢動手，但看台灣如此麻痺無感，且浸淫在歌舞昇平的歡愉中，最終可能誘使習近平冒然進兵呢。

記得，《晶片戰爭》一書在台灣出版時，作者克里斯．米勒（Chris Miller）寫給台灣讀者的「序言」中提及：許多人認為獨裁者都是關注自身利益的理性政客，但自從俄羅斯跌破歐美政論家與政客的眼鏡，並大舉進兵烏克蘭之後，原本的認知觀點開始失去說服力，又或者說，不再如此肯定了。基於此，台灣在面對與分析習近平是否會對台灣採取冒進的武力手段之時，其實真的不容天真與樂觀。

首先，許多政論家以「理性」來看待習近平不至於對台灣輕易動手，但必須指出的是，政論家所認知的「理性」，可能跟習近平基於自身處境下的「理性」認知，其實是不同的兩件事。切忌用文明人的「理性」框架與定義，單方面地套在獨裁者的所謂「理性」的理解之中。自從一九八九年的天安門屠殺之後，中共為了把其人民從內部追求民主與自由的動力給轉移，以「百年國恥」教育進行三十年的洗腦，創造出一大群認為「全世界都對不起中國」的極端與好戰民族主義群體—「粉紅戰狼」。

立於此群廣大粉紅戰狼的基礎上，習近平進一步將其「百年國恥」的內建仇恨，轉化成「中華民族偉大復興」之「中國夢」的動力。於是，中國在習近平統治之下，「國際擴張主義」、「東升西降」、「百年未有之大變局」，在在讓習氏中國處處以積極進取姿態來改寫國際秩序與規則。如此，習氏中國必然對當下這套二戰後所形成的國際秩序，產生嚴重的挑戰與挑釁。如果粉紅戰狼是習近平的統治基礎，縱然習近平所高喊的「中華民族偉大復興」是拿來「晃點」小粉紅，以滿足他們高亢的民族主義情緒，但習近平的玩法勢必會讓自身陷入「騎虎難下」的窘境之中。直言之，「坐轎」的縱使想下轎，但已然徹底相信「厲害了我的國」，以及全世界都對不起中國的「抬轎小粉紅」，註定會為習近平帶來下轎時的為難。例如，二〇一九年曾受到統促黨白狼總裁邀請來台灣演講，並被陸委會驅逐出境的中國知名戰狼學者李毅，在六月初就曾公開「叫板」習大帝；李毅說：「台灣問題再拖下去，是中華民族的恥辱，是中國國家的恥辱，是中國政府的恥辱，是中國軍隊的恥辱；這個問題沒有解決，你還執什麼政，乾脆換人算了，換黨算了，換朝代算了！」

再者，習近平為一圓終身習皇夢，以打貪為名進行政治整肅，樹敵眾多，一旦失勢，即可能陷入抄家滅族的可怕境地中。習皇以奪取台灣作為其「中國夢」之必要拼圖，如果遲遲未能兌現或有所推進，習皇將在二〇二七年面臨終身帝制第二任期正當性不足的狀態；屆時，習皇將如何自圓其說，又或者拿什麼說服中國人民呢！

其次，美歐等西方大國宛如被中國鬼遮眼並欺騙數十年，直至這些年才開始緩慢回神，並理解到中共對國際秩序的威脅與野心，而重新築起一條國際民主防中連線的壕溝。換言之，在國際民主防中連線尚未整備完全之前，這難道不是習皇的絕佳戰略機遇期嗎？一旦國際民主防中連線徹底築就整備，屆時習皇不就更難對台灣動手了嗎？況且，當習已然變身為「習大帝」，人人都捧著「習思想」郎讀背誦之刻，圍繞在大帝身旁的必定是佞臣與寵臣，如此歌功頌德的環境下，大帝會否自我感覺良好到頭腦發熱，而跟普丁大帝一樣，錯估形勢、誤判自身能力便揮軍侵略呢？

此外，熱衷於「親自指揮、親自部署」的習皇，已然讓中國改革開放後的火熱經濟引擎有熄火之虞，並深陷嚴重的經濟衰退狀態中。可預期的，中國各種社會矛盾將會此起彼落的輪番出現與激化，此時把內部問題進行外部轉移以緩解自身政權危機，是否會成為習皇的選擇呢？以上各種可能推敲，在在說明，習皇的「理性」乃是立基於自身的處境考慮下而得，並跟我們所謂的「理性」認知，有著非常不同的理解呢。

不過，隨著俄羅斯深陷烏克蘭侵略戰爭的泥淖中，上述幾項問題似乎有一種可能解答：即是「久病床前無孝子」，中共將其內心的「弒父」衝動，化為實際行動以「俄爹」為代價，方能拯救習皇的尷尬處境。若俄羅斯敗戰解體，又或者敗戰後國力嚴重弱化，則中共可趁機索回「符拉迪沃斯托克」（海參崴）——此一前清於一八六〇年《中俄北京條約》割讓，且由江澤民確認為「俄爹」所有的遠東不凍港。同時，中共將可進一步取代俄羅斯衰落後的老大哥地位；例如，中亞地區的領頭羊。果若如此，不僅一邊可滿足中國擴張主義與民族主義戰狼的需求，同時也可轉移習皇內部經濟衰退與社會矛盾的焦點，讓習皇不必對台灣採取冒進手段，即可奠定習近平的歷史定位，並鞏固其終身皇帝權位喔。

最後，心理學家阿德勒（Alfred Adler）提出的「**課題分離**」思維，對我們面對習近平武力攻台的恫嚇，有著非常具啟發性的指引。「課題分離」，意指每個人必須為自身的課題煩惱，整天對那些自己無法掌控的事揪心，不僅毫無意義，倒不如專注在自己努力就能改變的事，也就是自己能掌控的事務上。

換言之，我等無法決定習近平要不要武力進犯，那是習近平得煩惱的課題；至於，我等可以控制的課題且需要煩惱的事情，則是萬一「台灣有事」不幸發生，那麼我們是否已經進行充份準備，並已徹底清除內賊與島內台奸代理人呢。用「課題分離」的觀點來看，過去八年本土全面執政的時間，我等有沒有好好地把握呢？記得，《史記》有句話這樣說：「天予不取，反受其咎；時至不迎，反受其殃」[1]啊。

Q11：爲什麼基進用「紅色」作爲政黨代表色呢？柯文哲曾批評基進的「紅色」是「偏激紅」？

1 編按：出自《史記．淮陰侯列傳》，齊人蒯通去信韓信，勸其審時度事。意思是若天賜良機，不可錯失；若時機到了而遲不行動，反而會遭受禍患。

台灣基進的紅色是「台灣磚頭紅」，象徵起造台灣的基礎。圖為 2022 年參選內湖南港市議員的吳欣岱醫師，也代表中產階級中有相當多人開始認同基進的理念。

A：柯文哲在二〇二二年六月二十四日接受媒體採訪時，刻意酸台灣基進主體色是紅色，是「紅色力量」，難免偏激、無法理解（事實上，柯P白目發言的慣習，很大一部份來自於其淺薄的人文素養所致，此即他再一次展現武斷偏頗的事例）。

台灣基進的紅色是「**台灣磚頭紅**」，象徵起造台灣的基礎。此乃意味著台灣基進願為台灣的國家打造，進行奠基工程。台灣最早的磚頭，即是四百年前建造熱蘭遮城時所使用的紅磚。此些磚頭，是台灣特有的土質所燒製出來的紅色，跟中國的紅磚色澤有所不同。這些磚頭尺寸，也是荷蘭磚的尺寸，磚牆砌法更是荷式砌法。同樣規格的磚，在當時候的印尼也普遍存在。儘管，最早燒磚技術是中國漢人帶到台灣，但當時的磚頭是台灣工匠在台灣燒製而成。

我等可以理解柯先生是「兩岸一家親」下的「中國指定代言人」，因此無法理解台灣磚頭紅的象徵與意義。自從柯文哲的「兩岸一家親」說法走紅後，南台灣的基層民眾即給他取一「檳榔」的外號，象徵其綠皮、白肉、紅汁。可想而知，柯先生也許是無法理解起造台灣的台灣磚頭紅的歷史與象徵意義的。在此希望柯先生除了熟讀「毛澤東」的統治學之外，也可以撥出時間來閱讀一下關於自身土地上的歷史與文化故事。

Q12：基進容不下「兩個太陽」，因此政治明星才會離去？

A：台灣基進的政治明星脫黨單飛，主要指的是陳柏惟退黨事件。

陳柏惟是一個有趣的案例。在民進黨前輩的建議之下，二〇二〇年陳柏惟轉戰台中第二選區，並贏得勝選，成為彼時基進在立法院唯一一名的黨公職民代。於是，基進究竟是為什麼目的組黨，究竟是「內造政黨」還是「外造政黨」，便開始有理解與認識上的爭議。

法國政治學者莫里斯·杜瓦傑（M. Duverger）以政黨的組織起源為分類，將政黨區分為「**內造政黨**」（internally-created party）與「**外造政黨**」（externally-created party）兩種類型。前者係指由議會中的一些成員或是議會團體，基於共同的利益或是相同的政治信念而相互結盟，才逐漸形成政黨。至於後者，則指涉政黨組織主要源於群眾運動，並由群眾團體所發起，透過社會力量發揮影響力；因此，黨的決策權力並不完全操控在議會菁英手中，尚包括了行政精英、社會精英等。外造政黨通常較為集權，黨紀較為嚴格。儘管，此二種歸類，乃社會科學上的「理想狀態模型」（ideal type），但基進打從政治集中化到政黨組建，其特性相較趨近於「外造政黨」的模式。主要考慮如下：

Ⅰ：為了有朝一日能完成「民主鞏固」的目標，並徹底解決「定期改選，定期亡國感」的民主難題，台灣人民勢必得在民進黨之外，再次催生出本土在野監督的政黨，以透由「雙本土政黨競爭」的共構格局，實現台灣民主的「二次寧靜革命」。

Ⅱ：政黨跟「非政府組織」此種倡議團體的主要差別在於，政黨必須投入定期選舉；同時，政黨必須取得席次，才能有政治存在感與影響力。

Ⅲ：在當前台灣糟糕的選舉遊戲規則之下，「小黨」若要生存，可謂是異常艱辛與困難。在當前的國會選舉中，有「單一選區」此一對小黨不利的門檻，以及唯恐讓中國國民黨（或民眾黨）漁翁得利的顧慮心情；至於，在地方選舉，則面臨「大灑幣」門檻，導致平凡家庭出身的優秀子弟，難以投入選舉競爭，遑論贏取席次。

Ⅳ：於是，基進組建的道路，便是從一場一場的理念宣傳演講之中，把受理念叩動的青年集結，慢慢讓他們投身於台灣基進的政黨建設之道路中。

Ⅴ：由於理念的共聚集結，前幾年投入基進的幹部全部是志工性質，連選舉過程中的助選伙伴，也大多是志工性質。唯有理念與本土政治目標的築就，才能號召「志工」一起完成此項任務，基進候選人才可能用低成本進行參選。

Ⅵ：評估台灣政治條件與環境，若要在台灣此種惡劣的政治條件下催生出堅定本土小黨，那麼透由「黨的建設」，先催生出一個能運作的「**微型黨機器**」。然後，在國政層次主攻「政黨票」，之後便可專注經營地方層級的複數選席之縣市議員，由此慢慢養成一群年輕的政治工作者。

Ⅶ：緊扣著「理念」，也相信理念一定會有票，用此突破政黨票門檻；以此為基礎，再加上地方上的勤跑經營，攻取各縣市的地方議員。以十五至二十年時間，慢慢催生出一個有一定數量的成熟政治團隊。

讓個人服務於黨的建設；黨再回過頭，培訓出更多優秀的政治工作者。此即基進組建、成長與壯大的路徑思考。但當年隨著陳柏惟進駐立法院，「政治明星的個人政治需求 vs. 黨的發展」孰重之間的衝突益發嚴重；若該政治明星心智不成熟，則常常會以明星光環回過頭對黨進行「情緒勒索」。

以陳柏惟為例。基進黨為了讓唯一一席的立法院公職能有較佳之表現，黨部每月提供四十萬的人事經費給予陳柏惟經營地方。陳柏惟被罷免之後，黨內便將罷免募款的剩餘經費近四百五十萬轉交給他，繼續經營台中地方黨部，每月仍提供二十四萬元經費，供其運作地方黨部。此補助額度，已不亞於基進最大的高雄與台南地方黨部。

然而，罷免案通過之後，陳柏惟堅持黨內必須提名其非黨員的酒駕累犯堂哥陳玄暐，代表基進參選台中大烏龍（大肚、龍井、烏日等區）議員，來交換陳柏惟對基進九成五的參選人之支持——基進無法認同，因而破局。陳玄暐曾以無黨籍身分，由陳柏惟背書參選二〇二二年台中市第三選區議員候選人（落選之後，二〇二三年爆出同時劈腿多名女志工的私生活問題。但由於陳玄暐從來不是基進黨員，除了多次酒駕紀錄在案之外，基進當時並不知其私領域的狀況與評價）。事後觀之，堅守基本的政治原則與要求，或許會迎來有許多不明究理的攻擊抹黑，但若基進是因理念的共聚而存在，若無理念堅持，那麼基進的存在根本就無關緊要了，不是嗎？不同的人，有不同的堅持，以及不可碰觸與抵換的部份；對人的尊重，即是對此些底線的尊重。如同，對個人身體自主的冒犯與侵犯，是令人憤怒的；那麼，對基進而言，對其基本理念的交易要脅之侵犯，如同對其政治靈魂的進犯侮辱，也是令人無法忍受的。遑論，陳柏惟從籍籍無名的素人成長為政治明星，從來不是建立在「政治交易」的基礎上。

然而，令人哀傷的是，隨後陳柏惟主動辭去黨職跟退黨，台中黨部的經營不僅全部歸零而重來，更帶出許多不明事理的「基黑」之惡意攻擊（不斷用偏頗或錯誤資訊，在網路黑基進的惡意心態者）。他的退黨使基進備受誤會，其中種種曾經是基進不可言說之痛。

2022 年 7 月 1 日，台灣基進全台 24 位議員候選人集體入政宣示記者會。

經此教訓，再度讓我感到，台灣小黨的政治經營，不該單單只聚焦於「個人」，而必須積累在政黨與政黨理念身上。況且，台灣政治已耽溺於個人主義式的聲量政治太久，而鮮少以政黨為結晶表現的價值、政策與路線之爭。

總之，陳的事例也警醒著所有想踏入「政治新創」道路者，若欠缺堅實的中心思想與堅定的理念實踐所共構的使命感，台灣政治終究只能在新舊政治明星的輪番追捧中萬劫不復，而找不到出路的可能。尤其，在當前以網紅政治為主旋律的世道中，理盲追捧政治明星的情形，更是令人搖頭與悲傷。

畢竟，基進唯有透由上述成長路徑，以基進為舞台農場，不斷從中催生出眾多小太陽，方才能透由時間的砥礪磨練，催生出一支能夠取得人民信任的堅定本土在野政治隊伍。也唯有如此，方能在人民「喜新厭舊」時刻再度來臨之際，把選票背後那份對社會的責任重量，託付給不會讓台灣再度深陷親中、舔中亡國感的本土政黨。否則，試問如果台灣必須要有堅定本土在野的政黨，而此次又沒有失敗的條件，意欲在台灣此種非常不利於「政治新創」的環境中，打造出堅定本土小黨，究竟如何而可能呢？尤其，過往根本沒有成功的「政治新創」本土小黨的案例，可供參照學習之時，堅定本土小黨的組建道路，又該怎麼前行呢？

許多人以「兩個太陽」、「一山不容二虎」之讖評來看待基進政治明星出走事件，可說是外行看熱鬧，並未進入到本黨如何催生組建的問題脈絡。而這種「兩個太陽」的煞有介事評論，讓人想起中國少數仍有良知的作家王朔的一段評論：「沒選票、沒土地，沒政治權利的一群人，聚在一起高談民主的壞處。我彷彿看到，一群太監在說，性生活多，傷身體，幸虧咱們閹了；或者是一群乞丐在說，錢是多麼骯髒的東西，還是咱要飯乾淨。」須知，基進鎮日所苦惱的是一個「堅定本土小黨」究竟如何順利組建催生，而非檯面上主流大黨那種不同政治明星之間誰站C位、誰可以上位之類的鬥爭與拉扯——畢竟，這對尚在苦苦求生存的基進而言，都太過奢侈了啊！

基進從來不是兩個太陽，而是太陽怎麼那麼少呢？

後記

行文至此，或許也該留些篇幅放一些心裡想說的話。

記得，二〇〇八年三月二十二日那天的心情，至今仍牢牢地印刻在腦海中，宛如昨日。彼時，荷蘭的早春空氣依舊有著浸入肌骨般的寒意，當時刻意把暖氣關掉，為的就是要讓心情在峭冷的空氣中，因冰鎮而平靜。但一通來自比利時友人的電話，話才一開頭，不聽使喚的淚水也就緩緩地從臉頰兩龐滑落。

那是因為，早已預見，台灣即將進入馬英九威權復辟與疾速親中的統治年代裡，而背景正是在中國綜合國力強勢崛起的歷史時刻。不幸的是，社會對馬英九上台後將帶給台灣的危機，不僅毫無知覺，甚至高歌喝采。我知道，那時候跟我同樣身處在歐洲的好友們，此刻內心的淚水也正撲簌簌地流淌著。於是乎，該做些什麼？該為台灣做些什麼？諸如此類的問題，不斷地在腦際間縈繞徘徊。就這樣，人生一路意外地走到了「組建基進」的政治道路中。

「基進」之所以從胎動到誕生，即是建立在對台灣政治的重新斷診之基礎，及其相關對治行動下的結晶。經過馬氏八年，大家開始體會到依賴中國經濟的親中結局，將是悲劇的；再經

願意投身基進的志業，需要一群具備「勇者」精神的人。圖為最近舉辦的港區微醺夜，奕齊（一起）卡唬爛的活動。

過民進黨本土全面執政八年，或許大家才能逐漸看明白，單靠民進黨全面執政並不是台灣民主轉型的結構困境與難題的充份解答。台灣民主鞏固的實現，倚靠的不只是「本土政權」的捍衛，而應該是更根本性的「本土政治體制【本土政體】」的打造確認——一組由忠誠於台灣利益的「本土執政」與「本土在野」雙引擎競爭的政治格局。

記得，在電影《女人香》（*Scent of a Woman*）中，艾爾．帕西諾（Al Pacino）飾演一名失明的退伍軍官，他在貴族學校的懲戒公聽會上激昂地說道：

「人生，總會遇到無數的十字路口。每一次，我們都知道哪一條路是正確的，但我們從不選擇它。因為我們知道，正確的道路究竟有多難走！畢竟，正確的道路，是一條充滿原則與個性的困難道路啊。」

很多人常說，某某具備知名度的政治明星已經單飛了，為什麼基進不邀請他們一起入伙上船呢？不是沒有遞出橄欖枝，而是願意選擇正確，但卻是一條異常艱辛與困難道路的人，真的不多啊！

基進的前行道路，就像是從流動攤販、固定攤販、小店面到幾間直營小店的過程。從南部開始吹起集結號角，然後相約在咖啡廳、在「柑仔店」的「亭仔跤」（tîng-á-kha）、或在借來的辦公室共聚討論中，再到一間辦公室、兩間辦公室，到目前的十個黨部辦公室。從競選登記費繳交後，僅餘十萬元不到的窘迫資源中，以不屈的意志苦撐到高雄跟台南各一名市議員。這一路，真的是困難到「靠…北…邊走」！

一群操持著台語的南部囝仔，也想跟人家「組黨」？基進的「政治新創」道路，就是在這種對方即使沒有明言，但在話語間不自覺便流露的鄙夷聲調中，一路踽踽前行著。為了安慰伙伴，常常跟大家用自嘲的話語說：基進就像是出身比較「臭賤」的賤民階級，其所受到的冷待與冷眼，就像台灣天生命定的處境一般；不幸座落在偉岸中國的身旁，只隔著一衣帶水的海峽，能做的不是相互舔舐傷口，怨天尤人，而是想方設法地從貧瘠的土地中，開出未來屬於我們的玫瑰。

在台灣國會選舉遊戲規則中，「小黨」根本難以生存；堅定本土小黨的存活，更是異常艱辛。二〇二〇是台灣基進第一次用自己名號參與國會選舉；低空飛過三趴門檻的政黨補助款，

讓基進獲得了喘息的機會，暫時免於熄燈陣亡。基進，清楚地知道，若此次沒有再多爭取一趴多而跨越五趴門檻，按照台灣社會犬儒與退縮的負面性格，基進勢必會朝向生命式微的下坡路段而逐步終結。畢竟，在中國國民黨數十年以經濟發展的物質改善，作為抵換威權統治的肯認模式下，早已在身體基因上深刻地鑲嵌進物質主義至上的因子。短期堅持可以，但長時期的意志與堅信，恰是台灣社會中相對稀缺與難尋的文化性格。觀諸台灣民主歷程，李登輝總統真的是極其少數有著長期與堅定信念的政治人物；或許，這跟李登輝的思想與精神，皆是日治時期養成，讓其生命情懷中深刻地內建著一種早年日本人的精神意志與生命哲思有關吧。

一直認為，國會議員的拼盤組合，往往代表著社會所在意的問題與聲音。在台灣國會一一三席的拼圖中，填充進至少一或二席能夠代表打造新國族與堅定抗中的拚搏聲音，何以如此困難呢？難道，台灣真的不需要這類聲音的代議士，在國會現身與獻聲嗎？此些不解，常常會讓人想要放棄。

記得，在有次想說「盡力而為」後即無愧於心便可放手時，好友說了個獵人帶獵狗去打獵的故事。故事中，獵槍擊中狡兔後腿，獵狗在獵人指示下追趕著受槍傷的兔子，最終獵狗追丟兔子。獵人不滿地責罵獵狗，何以追丟，獵狗回嘴道：我已「盡力而為」了啊！受傷的兔子回到兔窟後，它的兄弟驚奇地問道，帶著受傷的後腿，究竟如何擺脫獵狗的呢？兔子答道：「獵狗是『盡力而為』地追，而我卻是『全力以赴』地逃命呀！獵狗追不上頂多挨罵，而我跑不掉，可是小命不保呢。」後來，我便常用這個故事向伙伴說：問題不是成功不成功，而是為了「此生無所去，最終且唯一的家園——台灣」，我們能做的唯有「拚死護台灣」罷了！

選擇一條正確，但充滿原則、個性且異常艱辛的道路，一份為築就台灣國家完成所必須，可願意投身其間者稀的志業，是需要一種擁有所謂「勇者」精神的人。此份勇者精神，是一種縱使傷痕累累，都不畏懼站上夢想競技場的心志與心智。這份所謂勇者精神，正如同一九一〇年，美國老羅斯福總統在巴黎那一場《共和國的公民—競技場上的人》（*Citizenship in a Republic: The man in the Arena*）的演講：

> 榮耀從不屬於愛批評的人，他們批評受創的勇者，指責真正做事的人怎麼不做得更好。榮耀屬於真正站在競技場上的勇者。他們臉上混著塵土、汗水和血跡；他們勇敢奮戰，但有時會犯錯，甚至一再犯錯；因為沒有一次次的錯誤鋪路，就不會有最後的成果。他們會為了一個值得的理由奉獻自己。好的時候最後會成功，差的情況下也可能落敗；但起碼他們努力嘗試過，雖敗猶榮。勇者跟那些根本不知勝利是什麼、冷血又膽小的靈魂，從來無法相提並論。

於是，一戰接著一戰，一關挺過一關，不單單只是輸贏問題，而是那一份為了想望的台灣未來，義無反顧一路挺身而戰的「信念」有沒有被書寫下來？如果有，縱使肉身消失，只要足以讓下一世代繼承的基進式「信念」得以寫下，那麼，誓死為台灣國家完成與彼岸想望的戰鬥，必定會由下一世代在某時或某地繼續接棒而書寫著！

那些年，在馬英九親中復辟序幕拉啟後，總在離家近萬里天空下的深夜時分，獨自一人聆聽著鄭智仁醫師的那首《天總是攏會光》[2]。但如果天光，遲遲不來，所能做的就是在黑暗中動身啟程。如同，伙伴鄭惠敏曾給每一位想築就台灣國家的基進人一句話：要看見日出，就必須比光早一步抵達；那唯一的選擇，就只能在黑暗中就動身出發。

請務必記得，法國十七世紀的哲學家兼數學家布萊茲．帕斯卡（Blaise Pascal）有一句名言：**「人心可是擁有理智所無法解釋的智慧」**。果若如此，那就讓我們心中那份對台灣新共和的打造、一個會讓每一位台灣人民活得更像人的彼岸想望，領著我們前進吧。

不是基進書寫台灣的故事，而恰恰是由每一位有著共同想望與心情律動的台灣人民，一起寫就的台灣．基進，這就是「基進」！

---

2 〈天總是攏會光〉詞曲：鄭智仁
在阮熄燈的前彼時　外面一陣冷冷的風　孤獨的形影擱出現在眼前
彼段心酸的無奈時　親像佇天邊的流星　乎人會悄念的流浪代誌　流浪代誌
猶原是堅定的熱情　永遠是疼痛的心情　伊常說　相信暝無久長
雷公風雨的暝以後　看見蕃薯落地生根　伊常說　相信天總是會光　總是會光
窗外是長夜無邊　掩映的是悲歡的歲月　雖然暗暝是這呢久長　但是　天總是攏會光

2020 年 1 月造勢晚會，沒有樁腳可以幫忙遊覽車動員的基進，那晚現場人數破萬。

附錄

基進事件簿

二〇〇八・一〇・〇三—〇五／「歐洲台灣協會聯合會」在德國法蘭克福美茵河畔奧芬巴赫舉行年會。

二〇〇八年馬英九當選之後，台灣親中與主權危機正式來襲。一群來自荷蘭、法國、比利時、德國、西班牙與英國等地旅歐博士生，憂心忡忡地相約在「歐台會」的年會期間共聚商討。恰巧，白天的年會邀請到時任駐德代表魏武煉以「和舟共濟」為題發表演講；但現場來自歐洲與美國等地的前輩鄉親，卻在演講答詢時段眾口一聲地向魏武煉代表提出：馬英九會否賣台親中的疑慮？會否把台灣往中國虎口推去的可能？

前輩鄉親的那份焦慮，即是對馬英九可能帶來的「亡台感」之不安與焦慮。於是，此群旅歐博士生最終決議創設名為《超克藍綠》的共筆部落格，各取筆名採輪值寫作的方式，以「批判的武器」向馬英九政權砲轟，希冀身在海外依舊能用「文字介入台灣政治」，重新喚起台灣青年的政治意識。

圖為晚間旅歐青年學者們聚集某人的旅館繼續討論。

二〇〇八・一一・〇九／以街頭運動作為「側翼」的想法，首次浮現。

二〇〇八年一一月九日，筆名新一的陳奕齊，在《超克藍綠》共筆部落格中發表〈吹響激進的號角——成為統治集團眼中的「暴民」吧！！〉，文中提及：「……為今之計，唯有在台灣政治光譜上往『台灣人民』方向挺進並拉開台灣政治光譜的分布，撐出一個激進有力的側翼……台灣人民的未來跟前途，才可以獲得確保！」該文的寫作背景為海協會會長陳雲林來台之際，發生暴警在街頭逞兇、粗暴地對付抗爭者。

二〇一〇・一一・二五／首次提出基進黨綱中的「三大主張」。台灣基進的許多基本政治主張，主要孕育於《超克藍綠》共筆部落格。二〇一〇年一一月二五日，筆名「新一」的陳奕齊發表了一篇名為《一個真誠／真正具有「普賴度」（Pride）中間選民的宣言》一文；當中提出「三大神主牌」——即「政治民主化」（反殖）、「主權自主化」（反帝）、「社會自由化」（（反剝削）。「基進」之意，在於強調立場上的堅定與根本，此乃因為「radical」此一英文字源有「根」（root）的含意，爾後以「基進」（基本又進步），取代「激進」此一常用翻譯。

本篇文章的背景，乃是在二〇一〇年十一月的「五都三合一選舉」期間，名嘴與政論家，嘴上整天吐著「中間選民」，好像台灣滿街都是「超級理性客觀中立」的「中間選民」。個人認為，此種發展趨勢，會把台灣社會推往更保守與腦殘的境地。於是，此文即是對「中間選民」進行解構，提出沒有政治反省性的「中間選民」其實是非理性、是山寨版的；而真正具備「傲骨精神」（pride）的「中間選民」，勢必內建「政治民主化」、「主權自主化」、「社會自由化」這三大基本款的主張。透由此方式，一方面解構坊間那種自我標榜「中間選民」，實則心態保守、基本上無知的選民；另一方面，則可以把三大主張作為「台灣公民」的內建基本款，以此把「中間選民」或者「台灣公民」賦予實質的政治內涵。

二〇一一・二・一二／南社演講。題目：《從十八趴到中間選民：『十八趴』作為台灣政治改革的阿基米德點》

二〇一一・二・二五／「哲學星期五」（Café Philo）演講。題目：《十八趴：十八趴與台灣未竟之政府改造事業》

二〇一一年農曆春節假期，陳奕齊趁著回台過年之際，分別在南北各進行一場演講，首次對社會大眾闡述「基進側翼」之政治戰略，並嘗試叩問中國霸權崛起之下，台灣政治困境的跳脫與逃逸之可能。

二〇一二・〇一・一四／旅歐數十位友人，共聚在「台灣南社」辦公室看總統大選開票：儘管在預料之內，但小英以六〇九萬輸給六八九萬馬英九，相差八十萬票。在場友人，莫不難過啜泣。

二〇一二・〇一・一九／攝製打爆「山寨台灣品牌 hTC 手機」影片：二〇一二年一月十三號，台灣許多資本家召開記者會，以力挺「九二共識」的方式表達對馬英九的力挺。其中 hTC 老闆王雪紅更是當中領軍人物。於是，憤怒之餘，便囑託筆名佛國喬的魏聰洲幫忙掌鏡拍攝，完成將筆者在荷蘭購買的 hTC 手機打爆的影片。

二〇一二・〇二／拜訪敗選的小英主席：在小英敗選之後，回台投票的數十位旅歐友人，連袂拜訪民進黨蔡英文主席，並感謝小英主席為台灣打拼，並鼓勵其為台灣再戰。

二〇一二・〇二／欲拜訪李前總統，不得其門而入：透過南社韓明榮醫師與詩人醫師曾貴海，牽線醫界聯盟的吳樹民醫師，並轉介台聯新科不分區立委林世嘉，希冀能拜見前總統李登輝。陳奕齊便找超克核心寫手群中的佛國喬（魏聰洲）、打果泥（蔡潔妮）、格瓦推（王興煥）、小梟（何澄輝）等人，聯袂拜訪吳樹民醫師與林世嘉立委，並表達求見李登輝之意。詎料，當年新科台聯立委林世嘉，直接打槍吃了閉門羹。難過之餘，大夥想起那位力阻日本幕末志士坂本龍馬拜見土佐藩主山內容堂的後藤象二郎。原本是期待一直有「背骨」形象的台聯，能以修改黨綱方式，用堅定的「三大主張」重新豎立起堅定本土的政黨形象，扮演「基進側翼」政略角色；不得其門而入之後，陳奕齊跟同行友人說「自己國家自己救」。就這樣，陳奕齊人生半路大轉彎，回荷蘭將事情處理後，便回台投入「基進」的組建。

基進側翼時代

二〇一二・一〇／「基進側翼」政治戰略企劃書完成：陳奕齊完成一份名為《破中立台—組建「基進側翼」之政治戰略思考》的企劃草案，爾後即是由這份企劃書為藍圖，全台演講，並尋找認同基進側翼的同志。

二〇一三・〇一／接掌南社秘書長：回台之後，南社社長韓明榮邀陳奕齊—新一擔任秘書長。此後，以南社秘書長的身份，重新開始認識台灣本土社團與政治前輩。

二〇一三・〇三・二二／主持《南之洛馱思》公民論壇：二〇一一年二月在南社演講完後，陳奕齊—新一委請韓明榮跟蔡炳煌醫師贊助，並找來在高雄幾位在地碩士生，開始創辦《南之洛馱思》公民論壇，假南社辦公室舉行。二〇一三年回台後，接手《南之洛馱思》主持，並以此論壇開始在高雄尋找志同道合的年輕夥伴。

二〇一三・〇九／台南社區大學開設「愛上政治」公民課：陳奕齊在台南社大開設「愛上政治」公民課程。同時，此課程學員中的幾位，就成為台南基進側翼的第一批夥伴。

二〇一三・〇九・〇八／「基進側翼」政治戰略企劃，獲台獨聯盟中委會認可：二〇一三年九月八日在「台灣獨立建國聯盟」的「世界中委會」中，針對「基進側翼」政略企劃提案，進行報告。該次獨盟世界中委會通過「『基進側翼』政治戰略」企劃的提案，讓「獨盟」成為「基進側翼」政略集結組建過程中，最為堅實的推手與助力。

二〇一三・〇九・二九／南社號召「九二九南方公民反馬救台遊行」：台灣南社召集高雄在地本土社團與公民團體，舉辦反馬、反服貿、救台灣的遊行。當中，集結在《南之洛馱思》論壇的青年，製作「自己國家自己救」、「青年奮起爭未來」兩個橫幅布條，揭示出基進將以青年為核心進行集結。

二〇一四・〇三・一八／太陽花運動爆發：太陽花運動爆發後，除了有「基進側翼」年輕朋友參與衝佔立院行動外，陳奕齊跟彼時的基進夥伴，也加入在中山南路與青島東路街頭演講。

二〇一四・〇三・二四／陳奕齊被暗指為首謀：由於佔據立院的太陽花主導者，或基於私心、或堅持不知所謂的「孤島理論」，三二三中午馬英九在跳針記者會再度宣示「兩岸服貿」勢必要通過。台北青年群情激憤，立院議場內的孤島理論家，又遲遲沒有動靜，導致抗議者於傍晚轉進行政院。凌晨時分，江宜樺指揮暴警鎮壓，招致許多抗議者濺血。突然間，《風傳媒》出現陰謀論報導，把行政院「首謀」指向從高雄北上的莊程洋與張芷菱兩位《行南雜誌》的年輕人，並間接暗示背後首謀可能是人在高雄的基進側翼總召陳奕齊。後來，「基進側翼」跟陳奕齊，就成為長年被「黑」的對象。當年抹黑的媒體，始終未曾出來道歉說明。

二〇一四・〇三・三〇／沒收《我控訴 J'accuse》戰報事件：三二四行政院的暴警傷人事件後，全台群情激憤。太陽花的大台中心，只能號召走上街頭，結果出現了台灣史上最大規模的五〇萬人上街，但最終二十分鐘內散場，繼續回去苦守孤島。此時太陽花三顆明亮的政治新星，已經徹底煉成。三三〇當天，旅歐跟台灣的《超克藍綠》伙伴，連夜趕工製作出一份《我控訴 J'accuse》戰報。製作戰報以引領群眾思想，乃過往街頭運動或抗爭運動中之必備基本款；結果不知為何，此份戰報竟然被號稱「太陽花主辦單位」給沒收丟擲垃圾桶。國民黨當年扣押黨外雜誌，尚須扣押證，這個不知何方授權的糾察人員卻一聲令下就沒收。基進抗議後，僅收到黃國昌致歉便條紙一張如圖。

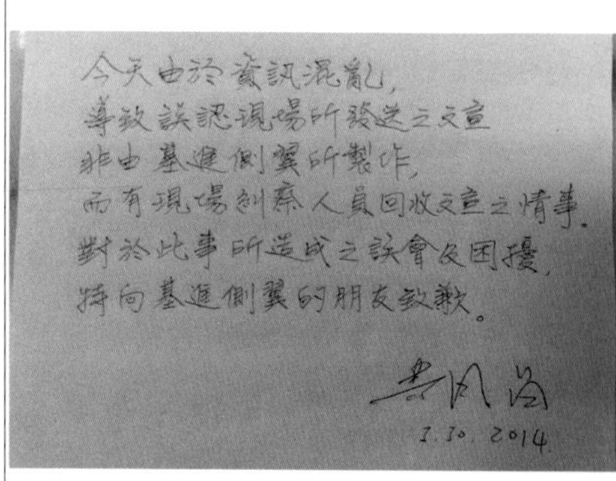

今天由於資訊混亂，
導致誤認現場所發送之文宣
非由基進側翼所製作，
而有現場糾察人員回收文宣之情事。
對於此事所造成之誤會及困擾，
特向基進側翼的朋友致歉。

3.30.2014

二〇一四・三・二二-四・一〇／太陽花運動在高雄和台南：太陽花運動號召「遍地開花」。高雄跟台南的基進側翼青年夥伴，深度參與高雄與台南的太陽花運動的「遍地開花」行動。

二〇一四・五／決斷與覺悟—基進青年入政：太陽花運動之後，高雄的基進青年夥伴準備入政。於是，基進在高雄進入入政意願的人選決定、政治培訓與選舉籌備。

二〇一四・七・三一／高雄氣爆悲劇發生：正當基進側翼青年已開始在街頭宣講，向市民表達「面對崩壞的政治，青年必須扛起」的入政想法之時，突如其來的氣爆，導致基進的參選活動全數停擺。

二〇一四・〇八・一七／「城市管線行腳—愛我高雄，城市零風險」活動：二〇一四年八月十七日早上，「基進側翼」在高雄舉辦「城市管線行腳：愛我高雄，城市零風險」活動，數百位青年朋友參加。

二〇一四・〇九・〇四／高雄四位基進側翼候選人，選在「月破日」登記參選：基進側翼在高雄派出陳信諭醫師參選前鎮小港、楊承翰律師參選鳳山、劉哲宇牙技師參選旗鼓鹽、黃若桓日文教師參選左楠。刻意選取九月四日「月破日」登記——「日值月破，大事不宜」，在農民曆中屬最凶之日。一方面可避免與其它高知名度候選人撞期；另一方面，月破之日，隸屬絕地，絕地之日，逢生之期。以此日子，暗喻台灣如同置身絕地之境，基進唯有主動扛起，方能破絕地，迎向島嶼新生。

二〇一四・〇九・〇五／黨產僅餘十萬元：時任高雄競選財務與總務的何健維，在前一日繳交全台五位候選人共九十二萬登記費之後，把陳奕齊拉到一旁說：我們剩不到十萬元，可以參選完嗎？陳奕齊答道：絕對可以！就這樣，基進的故事篇章，就是在這十萬元的基礎上，由一群無私、熱情，為了台灣可以把生命給豁出去的青年夥伴與志工的手中，一點一滴地寫就。

二〇一四・〇九・一二／立院門口前焚燒中國國民黨黨旗：為了凸顯出基進的主要敵人乃中國國民黨，當時候基進全台五位參選人邀集台獨聯盟等數個本土社團，在立法院側門召開記者會，宣誓參選決心。現場本土社團舉行「授旗儀式」，象徵傳承台獨意志，作為本土社團集結為表現的「基進側翼」之政治戰略。隨後，誓師現場也以一齣「二名青年遭繩索捆綁、膠帶封嘴，代表年輕世代受政府箝制，最後掙脫一切壓迫，焚燒國民黨黨旗」，作為吹響基進入政的號角。

二〇一四・〇九・一三／基進第一個辦公室競總成立：二〇一四年九月十三日，基進第一個辦公室：「基進側翼聯合競選總部」終於成立（位在高雄市新興區中山一路八號）。前一日，台南國寶級電影海報看板繪師顏振發師傅，終於送來那幅訂製許久的台灣先烈鄭南榕畫像看板，而當天恰巧是鄭南榕先烈的冥誕之日。在競總成立當天，當時已九十六歲高齡的史明歐吉桑、詩人醫師曾貴海、政治受難者劉辰旦、前南社社長韓明榮親臨現場，各自替每一位候選人披上競選揹帶，以威權年代下的本土民主、台獨與政治犯前輩手中進行傳承，並高舉著鄭南榕烈士畫像，以及畫像中那句「扛起！接下來就是我們的事了！」的精神，向黨外時期那份台灣人民的傲骨意志致敬。

二〇一四・〇九・二六／顏銘緯書K馬邦伯事件：年僅十八歲且方入學中山大學社會系一年級的顏銘緯，以「基進側翼聯合競選總部主任」身份，出席台灣北社在台北市典華酒店的募款餐會。當晚，被《經濟學人》雜誌冊封為「馬邦伯」（Ma the Bumbler）的馬英九，也出席位於典華酒店的活動。顏銘緯恰巧購買了現場前衛出版社的《被出賣的台灣》一書；於是，喬裝成記者靠近馬邦伯，迨至馬現身之後，便將《被出賣的台灣》丟向馬，擦身而過。事後顏表示，這麼做最主要是回應馬英九在接受德媒採訪時，說台灣要和中國統一的言論，「絕對不允許台灣被出賣」。當時陳奕齊在高雄進行《台灣人民自救宣言運動》五十週年紀念活動的演講，顏銘緯丟書並非如傳言指控是為了選舉的作秀，而是突發事件。事後顏銘緯被控傷害罪。

二〇一四・一一・二九／初嘗敗績：新竹市香山區參選人黃彥儒雖名列當選尾，但被婦女保障名額給替換。基進在高雄四位候選人最終落敗，儘管前小跟鳳山落選，但成績大出他黨同行的意料之外。彼次選舉，平均每一位參選只有七十五萬之譜的經費，用如此低廉的競選花費，走完了基進第一次的初試啼聲。

二〇一五・一・一八／基進側翼全國聯合事務所成立：以競選經費結餘、選舉補助款與小額捐款，基進承租下高雄市鹽埕區大禮街四八號一、二F，作為《基進側翼全國聯合事務所》所在地，陳奕齊擔任「基進側翼」總召集人。終於，「基進側翼」走到實體化組織的階段，並正式擁有第一個「家」，毋須寄生社群網路或借用其它社團辦公室聚會。此後，基進側翼按照經費多寡，全台聘請專職與兼職二．五～三．五名左右。此乃基進首次進入到有聘請「專職黨工」的階段。

二〇一五・〇二／基進啟動「黨產公投連署運動」：二〇一五年二月下旬開始，基進展開「黨產公投連署運動」。彼時，後太陽花運動的組黨時刻，帶來新興的「時代力量」與「社會民主黨」，再加上既有的「綠黨」，紛紛表明投入區域立委選舉。由於，二〇一六的台灣大局目標是「本土政黨全面執政」，唯恐爭先恐後的投入選舉破壞二〇一六大局；因此，基進希冀把眾多小黨團結在「黨產公投聯署運動」之下，讓中國國民黨成為共同打擊的對立面。

二〇一五・〇五・一六／基進側翼台北事務所開幕：台北基進之友會會長蔡明溱，將其位於台北市松山區富錦街一〇四號的辦公室，無償提供給基進，作為「基進側翼台北事務所」使用。從此，基進擁有第二個家。

二〇一五・一〇・二九／基進側翼與台聯結盟：經過再三評估之後，在自由時報總主筆盧世祥與葉國興前輩的遊說之下，基進答應跟台聯結盟，並以台灣社會集體迴避的中國滲透——「清除中國白蟻」為主訴求，共組二〇一六年的立委不分區選舉隊伍。二〇一五年一〇月二九日，「台聯×基進側翼」發表正式結盟記者會，並由陳奕齊擔任台聯不分區立委第一名。

二〇一六・〇一・一六／「台聯×基進側翼」落敗：最終「台聯×基進側翼」的合作，政黨票得到二・五%，只有五%不分區立委門檻的一半。落敗之後，台聯與基進側翼結盟，回歸各自的路線發展。

台灣基進期

二〇一六・〇五・一五／基進黨正式登記成立：基進的組建，是從非正式的「基進側翼」開始。之後，二〇一五年，正式向內政部登記為「基進側翼政團」，屬於「政治團體」而非「政黨」。由於，基進尚未能用自身旗號進行全國性參選，無法讓捐款人進行抵稅；為此，特意保留「基進側翼政團」此一民間社團，方便捐款人抵稅之用。於是，在保留「基進側翼政團」的同時，由當中約九成的團員再組織「基進黨」。儘管，「基進側翼」跟「基進黨」有前後棒的歷史關係，但兩者的成員並不完全百分百重疊。陳奕齊擔任第一任基進黨主席。

二〇一六・〇七／政治培力計畫二・〇起跑：為提早訓練基進青年幹部，以培訓未來議員入政參選人，設計一套「政治培力計畫二・〇」，以二十周的課程規畫，提供包括「精神與思想」的基礎課程、「政治品格」的養成課程、以及「政治演說、溝通與說服」的表達課程、「團隊、組織與領導」的政治協作訓練、「媒體、形象、政治宣傳」等公關課程。以此，希冀能培養更為優質與更具戰鬥力的政治工作者。

二〇一七・〇一／「中央黨部」第一次搬遷：基進應該是台灣有活躍的政黨當中，唯一一個將中央黨部設立在南台灣的政黨。原本位於高雄市鹽埕區的黨部，由於居住黨部三樓的房東，在樓上自宅中意外過世；於是，基進黨部只能在二〇一七年元旦搬遷到高雄市三民區博仁街十三號的新址。

二〇一七・〇三／陳奕齊主持民視《台灣學堂—新一政經塾》：二〇一七年二月二八日，民視正式開播的知識性帶狀節目《台灣學堂》中，邀陳奕齊主持《新一政經塾》的節目。藉由此知識性節目，一方面可以宣傳基進思想，另一方面，也可藉由此節目讓更多基進幹部得以參與本節目錄製，爭取在電視螢光幕中的露出曝光。

二〇一七・〇七・一五／基進台北黨部搬家：由於台北基友會會長蔡明溱代為承租的黨部租約到期；於是，台北黨部搬遷到中山區龍江街四一二巷九號一樓新址。

二〇一七・一二・三〇／基進第三個家：台南基進辦公室成立：為了迎戰二〇一八年的選舉，台南的基進伙伴，原本一直借用時任台南黨部召集人黃建龍的「艾爾摩莎」餐館為聚會所。後來，台南基進伙伴承租台南市南區府緯街八八號，作為基進台南黨部。

二〇一八・〇二・二二／二〇一八年基進全台入政號角第一發：基進全台入政起手式，選擇府城台南出發。當天，先公布台南第一階段三名市議員候選人，分別是南區安平的陳嘉伶，大北門地區（西港、七股、佳里、將軍、學甲、北門）的蘇鈺雯，以及投入台南東區的李宗霖等三位。

二〇一八・〇三・〇六／二〇一八高雄基進五位候選人入政記者會：基進五位候選人選擇高雄歷史博物館前，召開「背負歷史，扛起現在」的入政記者會。高雄基進五位選將，分別是左楠李欣翰、三民陳柏惟、鳳山李雨蓁、前鎮小港陳信諭、以及最後報到的旗鼓鹽洪正。

二〇一八・〇三・一三／二〇一八年大台北基進女力候選人記者會：台北基進選在北市議會門口召開「基進女力，站上大台北」的入政記者會。基進在大台北地區推出的三位基進女力，分別是北市內湖南港蕭筱臻、士林北投王映心，以及新北新莊五股泰山林口張舒婷。

二〇一八・〇四／地下財務長報到：Kent & Vincent。二〇一八年選舉，將是基進正式成黨以來，第一次正式披掛基進名號的議員選舉。基進全台派出一二位議員參選人，當時競選經費以每位一五〇萬預算進行規劃，則尚待補足的缺口近兩千萬之譜。該次選舉開銷，將是基進首次上千萬以上的支出。就在苦於經費缺口之際，好友 Vincent 跟 Kent 以宛如「地下財務長」的角色，幫忙勸募，補足缺口。

二〇一八・一一・二四／韓流來襲下的基進寒冬：二〇一八年夏日，一股莫名其妙的「韓流」開始騷動，並從不知名角落襲來。高雄基進五位候選人，站在「戰韓」第一線。基進因為戰韓而知名度大增，但同時，這股有著紅色況位的「韓流」，最終也讓本土跟基進大敗。儘管，基進許多選區票開得不錯，但最終還是全部落選。基進全敗，意味著基進即將面臨著解體倒閉；於是，該晚於高雄的基進黨總部前面，陳奕齊在敗選記者會直播中隨即宣布，台灣如果要從這股有著紅色腥味的「韓流」背後的亡國危機中倖存，基進勢必要再次奮起，為保護台灣再戰。於是基進展開「護台防中運動」，同時也進行黨員首次公開招募。「護台防中」運動分成兩組：一組上街頭向台灣人民進行「護台防中」運動的宣傳與倡議，另一組則翻譯美國代理人法與澳洲透明化法案，根據他們的法案，由時任中常委的何澄輝草擬屬於台灣版本的《代理人法》送進立法院。

二〇一八・一二／九局下半巡迴演講：為了推廣「護台防中」運動，也為了招收黨員，展開中「九局下半」全台巡迴，並結合當時陳柏惟的「環島搬家計畫」。第一站開拔至台南大東夜市對面公園，並開始招收地方黨員。

二〇一八・一二／基進的救亡圖存：由陳信諭擔任秘書長、洪正擔任新聞部主任、李雨蓁接任組織部主任，進入基進救亡圖存再造期。

二〇一九・〇一／基進大危機：敗選之後，原本基進的三個據點中心：高雄、台南跟台北，因台南與台北各自陷入相互指責的情緒、選舉期間所帶來的受傷與人際衝突，導致三個據點中的台南跟台北幾乎失去動能而瀕臨瓦解。基進是否還能前行，實屬未定之天。

二〇一九・〇一／版印 T-shirt 上線：取經印尼反獨裁團體「TaringPadi」精神，以藝術帶入政治，宣傳基進理念主張，口號包含「不要怪我，我沒投韓」、「做個獨立思考的人（ok-lip-kiàn-kok）」等。

二〇一九・〇三／九局下半（美國場）：李宗霖與陳柏惟遠赴美國巡迴演講。

二〇一九・〇四・三〇／政黨更名「台灣基進」：「基進黨」更改黨名為「台灣基進」，以國家起造為主軸，構思台字文符號作為基礎，構思設計新黨徽，並且取色「台灣磚紅」作為台灣基進的主色意象。陳柏惟宣布投入立委選戰。

二〇一九・〇五／《代理人法》出台：沒有任何國會席次的基進，依舊認真草擬《代理人法》，並於五月展開各項行動，攝製相關介紹影片。五月十五，宣布全台街講代理人法案的重要性與街頭連署向立委施壓。五月十六在台中召開行動記者會。

二〇一九・五・一九／黨主席陳奕齊赴日演說：搭配當時美國總統川普對中國進行的許多動作，以《最關鍵之戰：二〇二〇年台灣總統大選，對日美的重要性》為主題，呼籲全球民主抗中連線。

二〇一九・〇六／英賴總統初選：民進黨總統初選表態議題延燒至內部，陳奕齊以「課題分離」的概念，向黨內說明英賴之爭的課題，是民進黨的課題，並非基進課題。

二〇一九・〇六／香港反送中：台灣基進長期關心香港議題，六月九日反送中大遊行，議題延燒回台灣，借助自製影片、文章爭取許多曝光，並結合《代理人法》行動，宣傳香港反送中運動的意義。六月十七日會同尤美女、林靜儀、余宛如等立委召開記者會，呼籲通過《代理人法》。

二〇一九・〇七・〇一／罷韓聯署：第一階段通過，台灣基進會同公民割草行動聯盟、高雄好過日，宣布罷韓第二階段起跑。

二〇一九・〇七・一〇／日本京都相思會邀請演講：七月十日，日本京都相思會的令和元年年會，假日本京都大倉飯店舉行。日本京都相思會是由台灣出身的京都大學校友組成，陳奕齊受邀至該會令和元年年會演講。

二〇一九・〇八／陳柏惟中二區參戰：八月五日，陳奕齊會同民進黨主席卓榮泰召開記者會，宣布共推陳柏惟進軍台中。八月十日在高雄五甲龍成宮舉辦「台上中下」晚會。

二〇一九・〇八・二〇／護台防中募資：護台防中募資計畫啟動。

二〇一九・〇八・一二／吳音寧擔任基進推薦大使：八月十二日拍攝第一支影片，吳音寧的街訪（https://www.facebook.com/watch/ ?v=571746516678578），八月二十九日吳音寧透過台灣基進專訪，對柯文哲喊話（https://www.facebook.com/watch/?v=671746516678578）。

二〇一九・〇九・〇六／金門參選：洪正任務型參選金門立委。

二〇一九・〇九・一五／香港民權支援協會炎上：基進創立的「香港民權支援協會」〇九・一一開戶，於〇九・一五遭指控冒名收受國難財，隔日（〇九・一六）秘書長陳信諭公布募款明細，證明並無收到不當款項。

二〇一九・一〇／韓國瑜宣布參選總統：韓國瑜參選總統，台灣基進全台嗆聲，台南於一〇・一九韓國瑜造勢首發場嗆韓，並宣布台中、高雄等縣市跟進；張博洋、陳冠榮加入罷韓團隊擔任領銜人。

二〇一九・一一・一六／赴日本演講：黨主席陳奕齊赴日本東京、京都演講，宣傳政黨票。

二〇一九・一一・一〇／台中黨部開幕：台中黨部開幕，位於台中市柳楊東街四五-二號。

二〇一九・一一・一四／不分區名單公布：成令方教授擔任台灣基進不分區推薦第一名，陳奕齊列名第二，其次是吳欣岱、陳冠榮、何澄輝與李雨蓁等。

二〇一九・一二・〇一／陳奕齊和王炳忠同台辯論：《台灣新眼界》邀請台灣基進陳奕齊作為獨派代表，和統派代表的王炳忠同台直球對決。(https://www.facebook.com/watch/?v=472476003385456)

二〇一九・一二／政黨票最後衝刺：一二・〇八烏日聯合造勢，蔡英文、陳奕齊、陳柏惟同台。一二・一四台北舉辦募款餐會「傳承-重燃黨外魂」。

二〇一九・一二・二一／We care 大遊行，台灣基進唯一以政黨形式參加，隊伍突破三萬人。

二〇一九・一二・二九／台南造勢「一起戰未來」。

二〇一九・一二・二九／深景兄過世：老政治犯，同時也是台獨聯盟的陳深景前輩過世。深景前輩長期是基進星期五下午泡茶會的固定成員，對基進青年多所愛護。

二〇一九・一二・三一／反滲透法三讀通過：民進黨在社會對清除中國滲透的期待壓力下，倉促地推出《反滲透法》，一邊可對社會交代，另一邊則可以免除基進送進去立院的《代理人法》的立法壓力。

二〇二〇・〇一・五／高雄造勢「堅定無謂，衝進國會」。

二〇二〇・〇一・一〇／台中造勢「台灣之盾」。

二〇二〇・〇一・一一／二〇二〇總統及立委選舉，台灣基進政黨票過三%，陳柏惟當選中二區立委：最終。台灣基進政黨票獲得四十四萬七二八六票，得票率三・一五八八%，通過三%的政黨補助款門檻，但未能衝破五%的不分區立委的席次分配門檻。台中第二選區的陳柏惟打敗顏寬恒，順利當選中二區立委。

二〇二〇・〇一／陳信諭辭任秘書長：陳信諭辭任秘書長。基進再度進入秘書長懸缺的狀態。

二〇二〇・〇一・二五／武漢肺炎爆發：〇一・二五武漢肺炎第一例出現（高雄市中山路與四維路口「金巴黎」舞廳）。

二〇二〇・〇一／罷韓起跑：〇一・二九光復高雄總部成立，罷韓全面啟動，台灣基進全黨投入罷韓連署，以高雄為主導、台南黨部協助北高地區方式，深入海線梓官、彌陀、那瑪夏等地區收連署書，第二階段於〇四・〇七通過。

二〇二〇・〇二／黨內組織重組：〇二・〇一陳柏惟立法院上任，擔任基進第一席民選公職。二月底雙北黨員見面會，會議上黨員對於現任幹部提出諸多，隔幾周後台北舉辦黨員投票，選出八位志工幹部加入黨部運作，而後台北二位正職幹部辭職。

二〇二〇・〇四・二八／護照正名提案：台灣基進於立法院提出「護照正名公決案」，逕付二讀。

二〇二〇・〇六・〇六／罷韓：罷韓最後階段以「最後一哩路」舉辦連續幾天的遊行晚會，韓國瑜則呼籲支持者不要出門投票，最後〇六．〇六投票日以九十三萬對上兩萬的懸殊比例通過罷免門檻，成為台灣政治史上第一次成功通過的民選首長罷免案。

二〇二〇・〇六／地方黨部陸續成立：護台防中連署期間，由當時北區特派詹宇賢負責，桃園、新竹即聚集許多志工夥伴，奔走兩個縣市相互支援。二〇二〇年獲得政黨補助起，桃園、新竹相繼成立黨部，並聘用原團隊中兩位志工幹部擔任專職，於桃竹地區扎根。嘉義黨部於七月成立，由長期黨內協助運作的翁渙瑤擔任主委，為嘉義基進在二〇二二議員選舉，進行布局。

二〇二〇・〇七／**媒體轉型 Podcast 上線**：臉書的觸擊被壓低，黨內開始思考自媒體的轉型方案，除帶狀影片節目《博新聞》、《奕齊政經 bar》，並加入新型態的 podcast，錄製《奕齊上下班》，拓展受眾。

二〇二〇・〇七・三〇／李登輝過世：李前總統於七月三〇日辭世，承襲李登輝一九八〇年代「雙本土」概念，雙本土政體的第二隻腳一責將由台灣基進接續承擔。

二〇二〇・〇八・〇六／顏照升紀念：顏照升是基進台南黨部的設計師，自二〇一九年起加入台灣基進，於台南黨部有許多作品，因糖尿病病發於家中過世。台南黨部舉辦顏照升作品展，展示其生前的作品及政治意志。

二〇二〇・〇八・〇八／電子報重新發行：電子報停刊後，於八月以《基進鬥相報》形式重新發行，內容包含主席每月專欄、各黨部近況、新聞等，向支持者回報運作成果。

二〇二〇・〇九／基進鬥陣行活動：台灣基進主辦第一屆《鬥政行&政治人才培訓營》活動，除邀請史哲、賴清德等講師之外，營隊更以「模擬選舉競爭」做為最後的成果發表，讓學員實地模擬選舉活動。

二〇二〇・〇九／黨政辦公室暨「黨建處」成立：為協助立院團隊及黨內運作，搭建「黨政辦公室」平台並結合台北黨部搬遷，遷移至鎮江街一巷一號六樓，並成立黨建企劃處，培養年輕政治工作者，由黨主席陳奕齊每周北上進行討論。

二〇二〇・一〇／中天換照、基進抗議：一〇・二六舉辦中天換照聽證會，除總粉發文跟進，並創臉書社團「中天倒數計時器」。

二〇二〇・一〇・二八／宜蘭黨部籌備：受到李界木前輩邀請，於一〇・二八前往陳定南基金會拜訪，由林光義董事長、李界木前輩、及蔡惠玉等人組成顧問團，每年提供宜蘭黨部人事租金等，進行籌備。並進一步規劃候選人，接棒宜蘭民主聖地香火。

二〇二〇・一一・〇一／獨盟五十周年：黨主席陳奕齊出席獨盟五十周年活動，提出「中華民國在台灣」、「中華民國是台灣」、「中華民國台灣」，最後「中華民國『大政奉還』台灣」的台獨進程。

二〇二〇・一二／中央黨員大會：於台北召開中央黨員大會，改選中常會、中執會、中評會、黨主席等。

二〇二一・〇二／台中惡罷開跑：韓國瑜遭罷免後，國民黨先發起王浩宇、黃捷、陳柏惟罷免，於三月通過第一階段。

二〇二一・〇三／四大公投起跑：國民黨發起四大公投，台灣基進發起記者會「滅台三部曲」揭露國民黨陰謀一、發起惡意罷免和公投綁一起，拔掉抗中第一品牌的台灣基進，二、操作美豬議題，孤立台灣國際關係，三、操作能源議題，製造國內紛亂。五月並召開記者會，結合反罷免喊出「五個不同意，台灣更有力」。

二〇二一・〇三・一九／基進媽嬤團成立：台灣基進支持者中不乏媽媽、阿嬤年紀的支持者，又基進幹部多年輕，於是拜託蘇大姊協助第一次聚會，而後成立「基進媽嬤團」協助後勤支援角色，第一次聚會後由緯媽擔任召集人。

二〇二一・〇五・一九／全台三級警戒：因應武漢肺炎，中央疫情指揮中心宣布五・一九全台進入三級警戒，辦公室無法群聚，全台黨部會議也改為線上，大幅衝擊台灣人生活、用餐等習慣。期間媒體部分發展新單元**【基進佇厝講】**持續爭取宣傳。七・二六解禁降回二級後，基進製作口罩、防疫文宣，寄送全台黨員、支持者，且因疫情受到經濟影響之黨員，經說明後將暫時不進行黨費催繳。

二〇二一・〇八／陳柏惟罷免案啟動：國民黨報復性推動罷免成立「刪Q總部」，罷免連署於七月成案。基進黨主席陳奕齊指派高雄黨部主委李欣翰與台南黨部主委李宗霖，前往台中駐點，協助未來反罷免後續規劃。

二〇二一・〇八／王興煥接任秘書長：旅居巴黎十六年的王興煥自巴黎回台，接任台灣基進秘書長。

二〇二一・一〇／全台支援台中反罷免：十一月進行台中罷免案投票，主席陳奕齊指派全台幹部分批於九月份進駐台中第二選區，以熟悉當地人文與地理。基進全台伙伴奧援反惡罷，於一〇・〇二轉進台中五個服務處進行支援。期間借宿民宅、服務處等就地紮營，並安排從早到晚的行程規劃，進行地毯式宣傳。最後幾天以「一〇〇小時民主最後一哩路」苦行宣傳，全黨陪同行腳，罷免案仍於一〇・二三通過，陳柏惟成為台灣第一位被罷免的立委。

二〇二一・一二／四大公投：公投案於一二・一八進行投票，甫結束反罷免的幹部回歸各縣市，隨即投入「四個不同意，台灣進國際」的公投宣講，更於一二・一一高雄大會師舉辦造勢場，邀請副總統賴清德、潘孟安、黃偉哲、陳其邁等縣市首長出席。

二〇二一・一二／台中立委補選：陳柏惟遭罷免後，台中團隊續留中二選區，協助林靜儀一月九日的補選。全台三分之一幹部也赴台中為林靜儀補選拉抬。

二〇二一・一二・一二／基進屏東黨部成立：基進屏東黨部成立，邀請嘉義黨部主委翁渙瑤、台南黨部主委李宗霖、高雄黨部主委李欣翰出席，以「南台灣最後一塊拼圖」為主軸。屏東黨部主委由陳秋豪博士擔任。

二〇二二・〇二／烏俄戰爭：俄羅斯入侵烏克蘭，帶來國際大變局。

二〇二二・〇四／陳柏惟請辭：陳柏惟向秘書長請辭中彰投黨部主委。

二〇二二・〇六・三〇／陳柏惟發表退黨聲明：陳柏惟退黨，並正式發表退黨聲明，引發輿論熱議。

二〇二二・〇七／炎上七月：〇七・〇一全台議員參選記者會「咱 e 台灣，基進監工」宣布二十四位候選人。但因陳柏惟於前一天發表退黨聲明，基進入政新聞被退黨新聞蓋過，議題失焦。

〇七・一三台南幹部李宗霖，定期在街頭路口宣講。由於日本前首相安倍晉三意外過世，李宗霖穿上黑色背心在街頭宣講安倍對台灣的意義，以表達悼念。懷有惡意的網軍，刻意在網路上出征，以台灣基進消費安倍晉三的節奏與風向，進行炎上。〇七・一八林佳龍受訪表示當選後才公布恩恩案，張博洋發文批評後也遭攻擊，群組對話遭外流，內部士氣重傷，張博洋卸下新聞部主任、林靖堂調離現職。

二〇二二・〇七・二九／紀念音樂會：【守護民主遺志】基進舉辦《李登輝總統、安倍晉三首相紀念音樂會》。音樂會特地邀請比利時法蘭德斯歌劇院女高音吳佳芬，以及香港演藝學院教授兼鋼琴家徐惟恩演出。

二〇二二・〇八／接機夏立言：國民黨副主席夏立言率團訪中與國台辦官員會談，〇八・一七深夜搭機回台時，台灣基進秘書長王興煥特帶領台北黨工與吳欣岱前往「接機」，表達抗議。

二〇二二・一〇／習近平連任：中國於十月份召開二十大並且毫無懸念由習近平連任，台灣基進規劃系列行動，包含一〇・〇一出海燒五星旗、一〇・〇五起多場《習帝警報》系列講座、一〇・二三台北大行軍單車遊行等系列行動。

二〇二二・一一・二三／惡意短影片惹議：十一月九合一選舉期間，黨主席陳奕齊輪流在全台各地，幫忙基進候選人掃街請託。選前一個禮拜，陳奕齊在三民區掃市場拜票的直播中，被有心人惡意將其中一段陳奕齊跟市場民眾的互動直播影片擷取製作成「陳奕齊罵陳柏惟不成材」的短影片在網路放送，引起爭議，以此來傷害基進選情。此事原由是，在掃街過程中，民眾表達支持陳柏惟，陳奕齊跟民眾說明要支持張博洋，而非陳柏惟在三民區力挺的陳建良，並指出陳柏惟是基進幹部中比較不成材的人。此乃因，選前陳柏惟要求提名其非黨員的酒駕累犯堂哥陳玄暐，代表基進參選台中市議員，來交換陳柏惟對基進九成五的參選人之支持。對此交換提議，基進堅拒；隨後，陳柏惟便宣布退黨。當時基進黨內許多候選人，著眼於陳柏惟的聲量或其知名度，亦擔心此紛爭會傷害基進，希望「顧全大局」要求黨內吞忍，因此至今未曾光明正大地向外界直接說明，使得誤會延燒。直至今日，陳奕齊依舊認為，正是此種政治鄉愿的態度，才招致台灣政治的墮落、令人厭惡與想要迴避。對理念與理想的堅守，並是不可恥的事；理念，才是基進真正的大局。

二〇二二・一一・二六／議員選舉結果：基進全台二十四位候選人，高雄市三民區張博洋與台南東區李宗霖分別當選市議員。儘管當選席次不如預期，但全體得票率卻成長接近五％之譜，高於時代力量，但略低於民眾黨的平均得票率。

二〇二三・〇一／台灣基進黨主席改選：一月十四日舉辦中央黨員大會改選，由王興煥當選黨主席，〇一・一七舉辦黨主席交接儀式。

二〇二三・〇四／吳欣岱港湖插旗：台灣基進台北辦公室成立，由台灣基進台北黨部主委吳欣岱醫師宣布出馬參選港湖區立委，直接挑戰民進黨港湖區立委高嘉瑜，獲姚文智、陳時中、徐國勇、王必勝等綠營朋友出席支持。

二〇二三・〇七二〇／本書出版。